Glückwunschverse zur Hochzeit

Vortragstexte für die Hochzeit

Ingrid Gottstein / Ingeborg Düffert

Glückwunschverse zur Hochzeit

Vortragstexte für die Hochzeit

Doppelband

Weltbild

IMPRESSUM

Bibliografische Information Der Deutschen Bibliothek
Die Deutsche Bibliothek verzeichnet diese Publikation in der Deutschen Nationalbibliografie; detaillierte bibliografische Daten sind im Internet über http://dnb.ddb.de abrufbar.

Genehmigte Lizenzausgabe der Verlagsgruppe Weltbild GmbH,
Steinerne Furt, 86167 Augsburg
Copyright der Originalausgaben:

Vortragstexte für die Hochzeit © 2006 by
Verlagsgruppe Droemer Knaur GmbH & Co. KG, München

Glückwunschverse zur Hochzeit © 2006 by
Verlagsgruppe Droemer Knaur GmbH & Co. KG, München
Umschlagmotiv: © mauritius images/Botanica
Umschlaggestaltung: Atelier Lehmacher, Friedberg (Oberbayern)
Gesamtherstellung: Offizin Andersen Nexö Leipzig GmbH, Zwenkau
Printed in the EU

ISBN 978-3-8289-5244-7

2010 2009 2008
Die letzte Jahreszahl gibt die aktuelle Lizenzausgabe an.

Einkaufen im Internet:
www.weltbild.de

INHALTSVERZEICHNIS

VERLOBUNG

POLTERABEND

HOCHZEIT

SILBERHOCHZEIT

50 JAHRE EHE – EHRUNG FÜR DAS GOLDENE PAAR

KARTENGRÜSSE ZUR ENTSCHEIDUNG

Wenn sich *Er* und *Sie* verloben,
verändert sich das ganze Leben.
Denn sie wollen feierlich geloben,
sich als Braut und Bräutigam zu geben.
Wir wünschen, dass dies Liebesstück
münden wird in ewigem Glück.

***

Ihr braucht keine Reise mehr allein zu buchen
und nicht mehr in den Diskos zu suchen.
Denn heute habt ihr euch verlobt
und bestellt auch bald das Aufgebot.

***

Den Eltern schon die Hoffnung schwand,
dass ihre Kinder streben zum Ehestand.
Aber jetzt ist es endlich so weit,
denn von heute an könnt ihr zu zweit
den Weg eures Lebens gemeinsam beschreiten.
Lasst euch von euren Herzen leiten,
regiert euer Leben mit Herz und Hand
und seht eure Liebe als goldenes Band.

***

Zu jedem Deckel passt ein Topf,
zu jedem Denker ein anderer Kopf.
Man muss nur lange genug suchen,
dann bekommt man das beste Stück vom Kuchen.

Ihr habt euch die Sahnestückchen ausgesucht,
und eure gemeinsame Fahrt ins Glück gebucht.
Die Verlobung ist heute der Anpfiff, der Start,
dass ihr ja nicht mit Liebe und Zuneigung spart.

***

Mit der Vergangenheit seid ihr quitt,
denn heute erfolgt der erste Schritt
zu einem glücklichen Leben zu zweit
für heute, morgen und in alle Ewigkeit.

* * *

Mag es heute regnen, stürmen oder schneien,
ihr beide könntet vor Glück laut schreien.
Der Verlobungstag heut reine Vorfreude ist
auf den Hochzeitstag – eine Gnadenfrist.
Doch ihr seid euch einig, ihr seid euch gewiss,
es gibt für euch beide kein Hindernis,
schon bald seid ihr Frau und Mann,
wozu man euch nur gratulieren kann.

* * *

Das ist ja wirklich allerhand:
Ihr zwei steuert in den Ehestand.
Verlobung heute feiert ihr
und dazu gratulieren wir.
Wir hoffen, es wird euch das Leben versüßen
und wir dürfen euch bald als Brautpaar begrüßen.

* * *

Lang gesucht und nun gefunden,
wo drehtet ihr nur all die Runden.
Doch nun ist die Sucherei beendet,
weshalb euch jeder Glückwünsche sendet.
Auch wir wollen zur Verlobung gratulieren
und euch zu eurem Glück applaudieren.

Mit den Augen der Liebe

Das Leben hat auch sehr schöne Seiten,
vor allem Verliebte dies nicht bestreiten.
So wie die Sonne die Erde bescheint,
so wie sich Tau mit der Blume vereint,
so wie die Wolken am Himmel ziehen,
so wie die Fliegen vor den Fröschen fliehen,
so wie die Sonne abends untergeht
und wie sie morgens wieder aufersteht,
so wie der Regen auf Dächer tropft,
so wie der Wind an die Fenster klopft –
diese Wunder kann man nur mit den Augen der Liebe sehen,
drum wünschen wir, eure Liebe möge nie vergehen.

Segen der Geschwister

Namen der Braut einsetzen

Sonne, Mond und Sterne –
da kommt so aus der Ferne
ein junger Mann hier angereist
und nimmt die Marion ganz dreist.

Und zusammen woll'n sie nun
Gutes und das Gewisse tun.
Damit es ist ganz offiziell,
verloben sie sich nun ganz schnell.

Wir woll'n den Segen nicht verwehren,
wenn er die Marion verspricht zu ehren.
Denn sie ist unser bestes Stück,
weshalb wir wünschen euch viel Glück.

Wie Hund und Katze

Namen des Bräutigams und der Braut einsetzen

Lukas und Franziska konnten sich erst nicht leiden,
sie waren wie Hund und Katze, die beiden.
Es war wie in einem der Bühnendramen,
bis sie doch endlich zusammen kamen.

Der Sport hat sie schließlich zusammengebracht,
gemeinsam verbringen sie jetzt jede Nacht.
Ihr Ziel: im Doppelpack durchs Leben geh'n,
drum wird man sie bald Eheringe tauschen seh'n.

Wir wünschen euch zwei alles Glück dieser Welt,
Gesundheit, viel Freude und ausreichend Geld.
Und macht's wie im Märchen, ihr lieben Leut:
Bleibt zusammen, bis ihr gestorben seid.

Der Kuss

Der Liebe erster Hochgenuss
ist ohne Zweifel nur der Kuss.
Er ist beliebt und macht vergnügt,
ob man ihn nimmt, ob man ihn gibt.

Er tut sehr wohl, ist unverbindlich,
denn er vollzieht sich immer mündlich.
Hat man die Absicht, dass man küsst,
muss man mit aller Macht und List
den Abstand zu verringern trachten
und zärtlich mit den Augen schmachten.

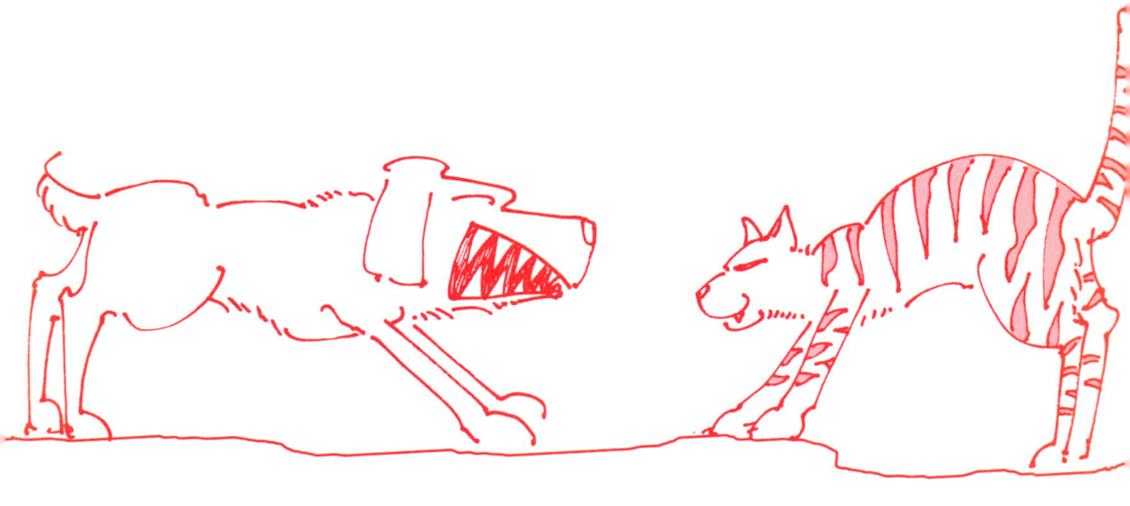

Die Blicke werden tief und tiefer,
es nähert sich der Unterkiefer,
dann sucht man mit geschlossnen Augen
sich aneinander festzusaugen.

Nicht ein einz'ger Kuss allein
braucht des Küssers Ziel zu sein.
Und wie man küsst, ist ganz verschieden,
im Norden anders als im Süden.

Der eine heiß, der andere kühl,
ein dritter mit Andacht und Gefühl.
Der eine kurz, der andere länger
den längsten nennt man Dauerbrenner.
Ein Kuss sagt einem ziemlich viel,
besonders über des andern Gefühl.
Drum dürft ihr das Küssen nie vergessen,
ihr könnt eure Liebe daran messen.

Test mit Handschellen

Sherlock Holmes hat schon lange gespürt,
dass ihr beiden etwas im Schilde führt.
Auch Magnum, der Privatdetektiv,
forschte schon lange intensiv.

Kommissar Rex, das ist ein ganz Schlauer,
er wusste es lange schon viel genauer.
Der Bulle von Tölz hat euch observiert
und gesehen, dass ihr euch ganz schön amüsiert.

Auch der Fahnder ist in den Fall involviert,
er hat Daniel als Platzhirsch identifiziert.
Die Tatort-Kommissare haben geschaut:
Die Anstifterin war – na wer wohl? – die Braut!

Namen des Bräutigams einsetzen

Der Polizeinotruf einhundertundzehn
hat mehrmals euch turteln und schmusen geseh'n.
Columbo, der tapsige Kommissar,
fand das alles wunderbar.

Auch die Leute von Wolfs Revier
waren begeistert und alle dafür.
Doch Miss Marple, die Alte, war dagegen
und lässt euch Handschellen jetzt anlegen.

das Paar mit Handschellen aneinander ketten

Dies ist nun für euch ein Persönlichkeitstest,
ob ihr euch vertragt für den Lebensrest.
Ihr lernt euch jetzt erst mal gut kennen,
nach 30 Minuten werden wir euch wieder trennen.

Habt ihr danach den Test bestanden,
ist die Liebe fürs Leben reichlich vorhanden.

Ein Haus als Collage gestalten: Hauswände und Dach aus Münzen, die Fenster und Haustür aus Geldscheinen

Wir haben uns heute hier getroffen,
weil wir alle uns erhoffen,
dass ihr zwei euer Glück bewahrt
und bald in den Hafen der Ehe einfahrt.

Damit ihr dafür einen Grundstein legt,
haben wir alles zusammengefegt.
Wir sammeln schon jetzt für das Hochzeitsfest,
denn dann bekommt ihr auch noch den Rest.

* * *

Es ist toll – ja eine Sensation,
und viele wissen es ja schon,
dass ihr beiden euch sehr liebt
und es niemand Glücklicheres gibt.
Heute feiern wir Verlobung hier
und dazu gratulieren wir.

Für euren gemeinsamen Start
haben wir ein Geschenk parat.
Wir wollen euch damit unterstützen
und hoffen, es wird euch noch sehr nützen.

Energieriegel

Heute ist die Verlobungsfeier im Gange,
zwei Energieriegel röten euch die Wange. *2 Energieriegel*

Denn ihr müsst hier schaufeln und schuften,
während wir nachher einfach verduften.
Doch ist dies hier nicht der letzte Stress,
behaupte ich jetzt mal ganz kess.
Der Polterabend folgt bald darauf –
macht lieber noch schnell 'nen Riegel auf. *2 Energieriegel*

Und dann darauf, Schlag auf Schlag,
folgt der eigentliche Hochzeitstag.
Lieber zwei Energieriegel vorher gegessen, *2 Energieriegel*
ihr könnt den Stress noch nicht ermessen.

Erst der Fototermin am Hochzeitsmorgen.
2 Energieriegel Zwei Energieriegel vertreiben Kummer und Sorgen.
Dann der feierliche Gang zur Kirche hin,
nach Energieriegel steht euch jetzt der Sinn.

Das »Ja-Wort« bringt ihr nicht heraus,
1 Energieriegel packt ihr nicht vorher den Riegel aus.
Die Anteilnahme der Gäste hat euch gepackt,
der Blutzuckerspiegel in den Keller sackt.

2 Energieriegel Schnell ausgepackt zwei Energieriegel,
und ihr könnt beruhigt schauen in den Spiegel.
Die Wangen gerötet, die Augen leuchten,
schnell die Lippen noch anfeuchten.

So kann die Feier nun endlich beginnen,
doch dem Brautwalzer könnt ihr nicht entrinnen.
Wie könnt ihr nur die Kraft dafür aufbringen?
2 Energieriegel Also schnell noch einen Riegel reinzwingen.

Sofort kommt die verlorene Energie zurück,
es steht nichts mehr im Weg dem Glück.
Doch halt, da ist noch was passiert,
Freunde haben die Braut kassiert.

Wo ist sie nur, wo soll er nur schauen?
1 Energieriegel Doch halt, er kann auf den Riegel bauen.

Als liebender Ehemann weiß er genau:
sie geht nicht weit, die geliebte Frau.

1 Energieriegel Schnell ist verschlungen ein Riegel-Stück,
dann geht es zu den Gästen zurück.
Zum Glück sind die lieben Gäste bald weg,
doch nun kommt die Hochzeitsnacht, ach du Schreck.

Doch mit vier Energieriegeln lässt sich das beheben,
sodass ihr im siebten Himmel könnt schweben.
Dankbar denkt ihr an uns zurück,
die euch verhalfen zu eurem Glück.

4 Energieriegel

Und was lernen wir aus diesem Gedicht?
Verachte einen Energieriegel nicht!
Er ist der richtige Helfer in der Not,
er ist in schweren Zeiten das Gebot.

Wir wollen zum Gelingen eurer Ehe beitragen,
denn Liebe geht nun mal durch den Magen.

Dieser Beutel voll Energieriegel
hilft euch immer – Brief und Siegel.

einen Beutel Energieriegel überreichen, vielleicht in einer schönen Bonboniere

»Herz«-liche Glückwünsche

Viele Herzen aus roter Pappe ausschneiden und am Beginn der Feier an die Gäste verteilen mit der Bitte, ihre guten Wünsche für das Verlobungspaar darauf zu schreiben. Darauf achten, dass genügend schwarze Filzstifte vorhanden sind. Die Wünsche werden eingesammelt, laut vorgelesen und mit doppelseitigem Klebeband auf ein vorgefertigtes Bild geklebt (z.B. einen Baum mit vielen Ästen, ein großes Herz) oder mit Schnüren an eine große Topfpflanze gehängt.

Da wir auch an eure Zukunft denken,
wollen wir euch reich beschenken.
Wie es sich bei einer Verlobung schickt,
wird auch in die weitere Zukunft geblickt.

Über eure Verlobung freuen sich alle Gäste,
sie wünschen euch nur das allerbeste.
Das haben auch alle schriftlich getan,

Die Aufschriften auf den Herzchen werden vorgelesen und von einer Assistentin oder einem Assistenten angeklebt oder aufgehängt.

drum fange ich jetzt mit dem Lesen an.

Begleitet von so vielen guten Gedanken
bleibt mir nur, mich bei allen zu bedanken,
dass ihr so toll wart und aktiv,
so produktiv und kreativ.

Mögen sich alle Wünsche erfüllen
und das Verlobungspaar in Glück hüllen,
heute, hier und für alle Zeit,
das wünschen euch alle Leut.

Name des Bräutigams einfügen

Ihr beiden seid ja so verliebt,
weswegen es heut die Verlobung gibt.
Feiert nur recht bald eure Hochzeit,
denn dafür krieg ich ein neues Kleid.

* * *

Eure Verlobung feiern wir heut,
bis zum nächsten Schritt ist es nicht weit.
Lasst nicht so viel Zeit vergehen,
ich will euch bald tanzen sehen.

* * *

Ich habe mich fast nicht getraut,
euch was zur Feier zu sagen.
Doch wünsch ich mir ’ne schöne Braut
in den nächsten Tagen.
Ich möchte für euch Blumen streuen,
das würde mich ganz riesig freuen.

* * *

Mein Bruder und ich, hier stehen wir
und gratulieren euch herzlich hier.
Wir möchten, dass ihr immer glücklich seid,
kein Pech, kein Ärger und auch kein Leid.

* * *

Die Feierei finde ich immer nett,
denn dann muss ich erst spät ins Bett.
Doch bei euch bin ich besonders gerne,
strahlt ihr doch selbst wie Himmelssterne.
Ich wünsche euch viel Glück,
jeden Tag noch dazu ein Stück.

Dass nimmer trübe Ungemach,
dass fern euch bleibe Not und Schmach,
dass nie ihr eine Träne weint,
dass stets in Liebe ihr vereint,
dass stets ihr aller Sorgen bar,
das wünsch' ich dem verlobten Paar!
Theodor Storm

Hass, als Minus und vergebens,
wird vom Leben abgeschrieben.
Positiv im Buch des Lebens
steht verzeichnet nur das Lieben.
Ob ein Minus oder Plus
uns verblieben, zeigt der Schluss.
Wilhelm Busch

Freudvoll
und leidvoll,
gedankenvoll sein;
langen
und bangen
in schwebender Pein;
himmelhoch jauchzend,
zu Tode betrübt:
Glücklich allein
ist die Seele, die liebt.
Johann Wolfgang von Goethe

O glücklich, wer ein Herz gefunden,
das nur in Liebe denkt und sinnt
und, mit der Liebe treu verbunden,
sein schön'res Leben erst beginnt.
Wo liebend sich zwei Herzen einen,
nur eins zu sein in Freud und Leid,
da muss des Himmels Sonne scheinen
und heiter lächeln jede Zeit!
August Heinrich Hoffmann von Fallersleben

In Liebe habt ihr euch gefunden,
habt Treu gelobt und euch gebunden
mit goldenen Verlobungsringen.
Nun möge alles wohl gelingen.
Ihr werdet euch die Treue halten,
dann wird auch Gottes güt'ges Walten
euch immerdar zur Seite stehn
und es wird stets euch wohlergehn.
Haben die Götter es also versehen,
liebet euch lieblich, ich willige zu,
wollet euch ehrlich und ehrlich begehren,
mehren und ehren in lieblicher Ruh.
(aus: Des Knaben Wunderhorn; Liedersammlung von Achim von Arnim und Clemens Brentano)

Es gibt nichts Schöneres als geliebt zu werden, geliebt um seiner selbst willen oder vielmehr: trotz seiner selbst.
Victor Hugo

Was die Liebe nicht bindet,
ist schlecht gebunden;
und was die Treue nicht schirmt,
das beschirmt kein Eid.
Ernst Moritz Arndt

Liebe – sagt man schön und richtig –
ist ein Ding, was äußerst wichtig.
Nicht nur zieht man in Betracht,
was man selber damit macht.
Nein, man ist in solchen Sachen
auch gespannt, was andre machen.
Wilhelm Busch

Was ist denn Liebe? Sag!
Zwei Seelen und ein Gedanke,
zwei Herzen und ein Schlag.
Friedrich Halm

Lass die Liebe in deinem Herzen wurzeln,
und es kann nur Gutes daraus hervorgehen.
Augustinus

Selig durch die Liebe
Götter – durch die Liebe
Menschen Göttern gleich!
Liebe macht den Himmel
himmlischer – die Erde
zu dem Himmelreich.
Friedrich von Schiller

Liebe, die von Herzen liebt,
ist am reichsten, wenn sie gibt;
Liebe, die von Opfern spricht,
ist schon rechte Liebe nicht.
Emanuel Geibel

Vergangen sei vergangen
und Zukunft ewig fern;
Im Gegenwart gefangen
verweilt die Liebe gern.
Clemens Brentano

Einen Menschen wissen,
der dich ganz versteht,
der in Bitternissen
immer zu dir steht,
der auch deine Schwächen
liebt, weil du bist sein:
dann mag alles brechen,
du bist nie allein.
Marie von Ebner-Eschenbach

Es muss ein Wunder es sein
ums Lieben zweier Seelen,
sie schließen ganz einander ein,
sich nie ein Wort verhehlen,
und Freud und Leid
und Glück und Not
so miteinander tragen,
vom ersten Kuss bis in den Tod
sich nur von Liebe sagen.
Oskar von Redwitz

SCHNELLE GLÜCKWÜNSCHE PER E-MAIL UND SMS

Namen durch die des Brautpaares ersetzen

Die Sonne scheint, der Mond strahlt,
der Sven mit seiner Julia prahlt.
Sie ist die Schönste auf der Welt,
sie gibt es nicht für Gut und Geld.

* * *

Die Mädchen lachen, die Jungen weinen,
du willst ab heute nur noch den einen.

* * *

Wohnort der Verlobten einsetzen

Eure Verlobung gebt ihr bekannt,
in Mannheim und im ganzen Land.
Wir wollen als Erstes euch gratulieren
und gleich dazu herzlich applaudieren.

* * *

Die Sonne lacht, der Himmel weint,
hast du dich doch jetzt mit (Namen der Braut/
des Bräutigams) vereint.

* * *

für einen Mann

Gratulieren zum festen Accessoire für deinen Beifahrersitz!

* * *

für eine Frau

Ich hoffe, dein Verlobter hat starke Arme:
um dich auf Händen und deine Schuhkartons tragen zu können.

* * *

Du hast doch dein Herz verloren?!
Ich habe es gefunden:
(Namen der Braut/des Bräutigams) hat es!

* * *

Groß ist die Liebe,
doch größer ist die Welt.
Dass es immer so bliebe,
dies uns gefällt.

Der Arzt hat endlich ein Mittel gegen deine Liebeskrankheit gefunden. Es heißt... (Namen der Braut/ des Bräutigams).

* * *

Schön, dass du es nächsten Winter mollig warm hast.

* * *

(für eine Frau)
Endlich hast du einen fest angestellten Einkaufs-Tütenträger.

* * *

Die Sonne strahlt heller,
der Himmel scheint blauer,
das Lachen ist fröhlicher –
und nur die Liebe schafft das!

* * *

Kann ich die Telefonnummern von den Mädels/Jungs haben, die du jetzt nicht mehr brauchst?

EINEN TOAST AUSBRINGEN

Die Sonne scheint nicht Tag und Nacht,
das ist recht gut – ist wohl bedacht!
Auch Glück wird niemals ewig sein,
es geht ihm wie dem Sonnenschein.
So mancher muss sich eingestehen:
Ich hab's gehabt und nicht gesehen.
Damit euch dieses bleibt erspart,
behandelt eure Liebe zart.

* * *

bei der Arbeit kennen gelernt

Ihr habt euch bei der Arbeit kennen gelernt
und saßet nie weit voneinander entfernt.
Oft habt ihr miteinander gesprochen und gelacht
doch eines Tages hat euer Herz 'nen Hupfer gemacht.
Nichts war dann mehr so wie vorher,
ein Tag war ohne den anderen leer.
Als du ihr dein Herz hast geoffenbart,
erwiderte sie dein Gefühl ganz zart.
Eure Liebe ist deutlich für jedermann,
weshalb man mit Zuversicht sagen kann:
Es ist, ganz klar, überhaupt keine Frage,
dass eure Liebe hält bis ans Ende eurer Tage.
Es gibt viel euch zu raten, für ein Leben im Glück,
doch besser ist es, ihr probiert es selber: Stück für Stück!

* * *

Ein weiter Weg liegt nun vor euch,
ein Weg durch Freud und Leiden.
Er bringt euch nah, er macht euch firm
und gönnt so das Glück euch beiden.

Es kann nicht immer Sonntag sein,
es gibt auch graue Stunden,
dann fragt es sich, wie ist das Rezept,
das ihr zu zweit gefunden.

Am besten ist, ihr bleibt zufrieden,
was auch immer geschehen mag,
denn selbst den bösesten Gewittern
folgt garantiert ein schöner Tag!

Das goldene Buch

Manche Menschen, wie gemein,
gehen durchs Leben ganz allein.
Sind dann ewig auf der Suche
nach dem kleinen, goldnen Buche,
in dem des Rätsels Lösung steht,
wie die Einsamkeit vergeht.

Ihr habt in diesem Buch gelesen,
nun scheut ihr weder Kosten noch Spesen.
Kennt es gut von vorn bis hinten,
seid gewappnet, auch vor Finten.
Ihr liebt euch vom Kopf bis zur Zehe
und seid bereit für eure Ehe.

Und wird ein Streit auch mal sehr groß,
legt nicht die Hände in den Schoß.
Denkt an das goldne Buch zurück,
an schöne Zeiten voller Glück.
Doch jetzt lasst die Liebe richtig sprießen
und mit uns den heutigen Tag begießen.

Scherben bringen Glück

All unser gutes Porzellan
wird heute Abend zu Scherben gemacht,
denn das Werfen hat's uns angetan.
Auf geht's in die Teller-Schlacht.

Poltern lassen wir's heut richtig,
auf dass die Ehe gut gelingt.
Laut muss es sein – das ist wichtig,
damit jede Scherbe Glück euch bringt.

Werft die Tasse, werft die Schale,
ein riesiger Berg liegt nachher dort.
Alles drauf bis zum Finale –
das Brautpaar räumt dann alles fort.

Doch haltet Spiegel und Glas zurück,
werft lieber mit den Blumentöpfen.
Denn sieben Jahre kein Eheglück
kann sogar die Zähen erschöpfen.

Doch glaubt nicht, damit wär's getan,
die Straße muss noch saubrer werden.
Beim Fegen fängt's erst richtig an,
sonst kommen morgen die Beschwerden.

Habt ihr dieses hier geschafft,
kann die Zukunft alles bringen.
Ihr seid wirklich zauberhaft,
gemeinsam wird euch nichts misslingen.

Geschenk überreichen

Nachdem ihr nun so fleißig wart,
wollen wir euch was Tolles schenken.
Natürlich haben wir etwas Besonderes parat,
mit ihm könnt ihr immer an uns denken.

Es ist allgemein bekannt:
Trampelnd kommt der Elefant
und zerbricht das Porzellan,
hält auch vor dem Glas nicht an.
Was er hinterlässt, ist in tausend Stück
und bringt niemandem mehr Glück.

Anders ist's, wenn Nachbars Peter,
Hinz und Kunz, kurzum ein jeder
Teller, Töpfe, Kannen, Tassen,
statt sie im Regal zu lassen,
fröhlich oder tief bewegt
vor des Brautpaars Tür zerschlägt.
Dies wird ihnen nichts verwehren,
sondern emsig Scherben kehren,
bis ein Haufen sich erhebt,
der stracks in den Himmel strebt.

Als vor vielen hundert Jahren
uns're heidnischen Vorfahren
noch an böse Geister glaubten,
die dem Heim den Frieden raubten,
jagten sie mit Schimpf und Schreck
diese argen Trolle weg.
Mit Gepolter und Getöse
kämpften sie gegen das Böse.
So liegt denn ein tiefer Sinn,
in dem Polterabend drin.

Böses weiche von der Schwelle,
Gutes nahe, Licht und Helle.
Und viele Scherben wünschen wir
dem lieben Brautpaar hier.

Natürlich wollen wir nicht nur Geschirr zerstören,
sondern auch eure Wünsche erhören.
Mit dem Geldgeschenk sollt ihr euch was gönnen,
eine Reise euch leisten oder Geschirr kaufen können.

* * *

eine besondere Flasche Sekt schenken

Die bösen Geister sollen euch verschonen
und gefälligst woanders wohnen.
Mit viel Scheppern und großem Krach
halten wir sauber euer Dach.

Jetzt sind unsere Schränke leer,
aber wir hoffen, es hilft euch sehr.
Für euch ist uns kein Opfer zu groß,
denn wir finden euch beide ganz famos.

Wir stecken nicht zurück,
wenn es geht um euer Glück.–
Damit eure Beziehung läuft wie geschmiert,
haben wir euch dieses spendiert.

Wenn ihr habt miteinander Streit,
stellt ihr zwei Sektgläser bereit,
macht sie voll bis an den Rand
und erneuert so euer Band.

KARTEN-SPRÜCHE FÜR DAS JUNGE BRAUTPAAR

Was die Statistik klar beweist:
Deutschland ist demnächst vergreist.
Es wächst und wächst das Rentnerheer,
wo nimmt es seine Rente her?
Wer sorgt für uns als alte Knochen?
Jemand muss für uns malochen!
Ihr seid die Hoffnung der Nation,
drum startet bald mit der Aktion.
Ihr könnt es noch zum Guten wenden,
schafft Nachwuchs, sichert uns're Renten.

* * *

Tatsächlich, es ist kaum zu fassen
wie gut die zwei zusammenpassen.
Sie sind, das ist uns allen klar,
fürwahr ein ideales Paar.
Drum jubeln wir aus vollen Kehlen:
Welch Glück, dass sie sich heut vermählen.

* * *

Dem Hochzeitspaar auf allen Wegen
Sonnenschein und Gottes Segen.
Möge stets die Liebe walten
und beide fest zusammenhalten,
damit in Krisen, dann und wann,
die Ehe nichts erschüttern kann.
Wir wünschen euch das Allerbeste –
ein Prosit nun zum Hochzeitsfeste.

Was ihr euch ersehnt seit einiger Zeit,
es wurde heute Wirklichkeit.
Der schönste Traum, er wurde wahr,
ihr zwei seid jetzt ein Ehepaar.
Lasst euch stets von Liebe leiten,
in guten wie in schlechten Zeiten
sollt ihr treu zusammenstehen
und so durchs ganze Leben gehen.
Habt Geduld und viel Verständnis,
dann kommt sicher die Erkenntnis,
dass kein Unglück euch erreicht,
denn die Liebe macht's euch leicht.

* * *

Ihr sollt stets 1 sein!
Ihr sollt euch nie ent-2-en!
Ihr sollt euch stets 3 bleiben
und euch immer gut 4-en!
Ihr sollt auch mal alle 5-e gerade sein lassen
und eure 6-er zusammenhalten.
Ihr sollt eure 7 Sachen in 8 nehmen.
Ihr sollt nicht immer 9 sagen
und euch nie die 10-e zeigen!

* * *

übers Internet kennen gelernt; Namen von Braut und Bräutigam einsetzen

Claudia ist besonders flexibel
und mit Hans vorzüglich kompatibel.
Kennen gelernt habt ihr euch im Internet,
über Bits und Bytes plauderte es sich nett.
Der Virus hat euch beide gepackt,
die Liebe sich in euer Herz gehackt.
Und wenn ihr mal streitet, dann chattet einander zu:
Verzeih mir! Ich liebe nur dich, immerzu!

* * *

für Musiker oder Musikliebhaber; Namen von Braut und Bräutigam einsetzen

Lena spielte ihr Leben nach Noten,
sie liebte Musik, Gesang und Lieder.
Der Bernd, der löste diesen Knoten,
spiegelte ihren Lebenssinn wieder.
Eure Herzen gemeinsam nun musizieren,
und euer Himmel hängt voller Geigen.
Eure Liebe zueinander soll harmonieren
und euer Leben sei ein einziger Reigen.

Die Ringe sind ein Symbol für Treue,
dass euch die Ehe niemals reue.
Die Heiratsurkunde soll dokumentieren
das gegenseitige Respektieren.
Der Eid vor Gott soll allen sagen:
In guten wie in schlechten Tagen.
Der Hochzeitstag soll euch erinnern:
Ihr sollt euch umeinander kümmern.

* * *

Liebe ist sich einander geben,
und bei Fehlern zu vergeben.

Liebe heißt einander zu verstehen
und auch nach dem anderen zu sehen.

Liebe heißt zu sagen, was man vom anderen erwartet,
bevor dieser was ganz anderes startet.

Liebe heißt für alles offen zu sein,
dass der Partner findet seinen Weg allein.

Liebe heißt einander vertrauen
und auf den anderen zu bauen.

Liebe muss man ständig pflegen,
gießen, wachsen lassen und hegen.

Dann sei zu wünschen für alle Fälle:
Gesundheit immer an erster Stelle,
Zufriedenheit als zweites dann,
somit auch kaum was schief gehen kann.

Und trudelt später Nachwuchs ein,
kann man erst recht zufrieden sein,
Bis dahin müsst ihr tüchtig üben.
Ohne Fleiß keinen Preis – gilt auch fürs Kinderkriegen.

Bei den Vorbereitungen dazu,
verstreicht die Zeit nur so im Nu.
Doch lassen wir euch damit noch Zeit,
denn erst einmal feiert ihr Hochzeit heut.

* * *

Wie uns die Erfahrung hat gelehrt,
wird die Frau vom Mann – und umgekehrt – begehrt.
Selbst in der Bibel heißt es zweifelsfrei:
Es ist nicht gut, wenn der Mensch alleine sei!
Nun ist es auch bei euch so weit,
dass ihr die Ringe getauscht habt heut.
Somit seid ihr, für alle wahrnehmbar,
ein stolzes, glückliches Ehepaar.
Doch kommt trotz Liebessonnenschein,
die Harmonie nicht von ganz allein.
Um das Glück zu halten, lang und ganz,
braucht es Wertschätzung und Toleranz.
Eure Liebe sollte vor allen Dingen,
euch stets einander näher bringen.
Vermeidet Kümmernis und Leid,
habt immer füreinander Zeit.

Der Hochzeitstag

Großes Hochzeitsfest ist heute,
dieses Fest ist wunderschön.
Denn da kann man viele Leute
mal in froher Stimmung sehn.

Dem Bräutigam ist so feierlich,
seine Braut geht ganz in Weiß,
und sie schau'n an sich sehr herzlich,
denn sie lieben sich so heiß.

Und die Eltern, Onkel, Tanten,
die Geschwister groß und klein,
Omas, Opas und Bekannten
strömen in die Kirche rein.

Der Pfarrer predigt von der Tugend,
von der ehelichen Pflicht. –
Von der Leidenschaft der Jugend
aber spricht er lieber nicht.

Auf des Pfarrers erste Fragen,
ob sie sich auch immer treu,
hört man »Ja« die beiden sagen,
das bedeutet: »Jagd vorbei.«

»Ach wie schön!« schluchzt da die Oma,
führt ihr Tüchlein zum Gesicht.
Doch die ew'gen Junggesellen
teilen diese Meinung nicht.

Alle singen laut im Chore,
freuen mit dem Paare sich,
und dazu von der Empore
dröhnt die Orgel feierlich.

Gierig auf die »fette Beute«
lauernd vor der Kirche sitzt
eine Fotografen-Meute,
sieht das Pärchen – blitzt und blitzt.

Und nun wird zum Hochzeitsfeste,
beiden herzlich gratuliert.
Mancher drückt die Hand so feste,
dass der Braut ganz schwindlig wird.

Und die Hand der Braut, sie zittert,
etwas knautschig ist ihr Kleid.
Doch auch er wirkt leicht zerknittert
von der Glückwunsch-Schwerstarbeit.

Oh, wie riesig ist die Freude
drum bei Bräutigam und Braut,
als sie endlich alle beide
in ’nem Auto sind verstaut.

Und in einer Autoschlange,
man zu einer Wirtschaft reist,
ganz erfüllt von jenem Drange,
der im Tierreich »Fressgier« heißt.

Angesichts der vielen Gänge
von dem köstlichen Menü
herrscht im Magen große Enge,
mancher seufzt: Ich schaff’ das nie!

Eine Frau meint, 's wär ein Segen,
könnte sein sie jetzt 'ne Kuh,
denn dann hätte sie vier Mägen,
langte noch viel ärger zu.

Satt und müde und zufrieden,
sitzt man nun im Kreis herum,
doch nur kurze Rast beschieden
ist dem werten Publikum.

Kaffee gibt's und guten Kuchen
und auch Torten ohne Zahl.
Alles möchte man versuchen,
grausam ist die Qual der Wahl.

Schon hört man Musik erklingen,
ja, ein Walzer ist's aus Wien.
Jetzt muss man das Tanzbein schwingen,
das verbraucht die Kalorien.

Und der Bräutigam führt im Kreise,
vornehm wie ein Pinguin,
seine Braut nach Walzerweise,
sie fliegt wie ein Schmetterling.

Bald schon herrscht ein reges Treiben,
rechts, zwei, drei und hoch das Bein.
Keiner will mehr sitzen bleiben,
alles tanzt, beschwingt vom Wein.

Erst zu vorgerückter Stunde
leert sich langsam das Parkett.
Das Brautpaar tanzt die letzte Runde,
und dann geht es flugs ins Bett.

Doch wer meint, die beiden schlafen,
der hat sicher falsch gedacht.
Vorher gibt's noch was zu schaffen,
denn sonst wär's nicht Hochzeitsnacht.

Toast des Brautvaters

Aus meinem kleinen Hosenmatz
wurde dieser große Schatz.
Bewahre und behüte ihn,
er ist ein echter Hauptgewinn.
Ich gebe sie nicht gerne her,
die Trennung fällt mir wirklich schwer.
Doch das ist des Vaters Los:
Zieht's Töchterlein mit Liebe groß,
ist für sie da von früh bis spät,
erträgt sie in der Pubertät,
ist kaum erholt von diesem Schreck,
da schnappt sie sich schon einer weg!
Doch sei es, wie es immer war:
Der, dem sie Ja sagt vorm Altar,
bekommt sie und die Mitgift auch,
so ist es ja von jeher Brauch.
Ich habe lange überlegt,
was man da so zu geben pflegt.
Jedoch ich will nicht kleinlich sein,
geht es ums liebe Töchterlein.
Und so verkünde ich im Saal:
Ihr kriegt mein ganzes Kapital!
Mit den Zinsen schon allein
kann man recht zufrieden sein.
Noch eins, bevor ihr euch bedankt:
Es liegt in keiner großen Bank,
es sichert nicht mal ein Tresor –
ich hab es rechts vom linken Ohr.
Das Leben hat mich oft belehrt,
dies Wissen ist mir sehr viel wert,
und jedem, der es nötig hat,
gebe ich gerne meinen Rat.
Doch kränkt es mich beileibe nicht,
wenn ihr es besser wisst als ich.
Euch beiden Liebe, Glück und Spaß,
darauf erhebe ich mein Glas.

Ehe-ABC

Wer A gesagt hat, der sage auch B.
Wer heiratet, bleibe sich treu in der Eh'.

B ist die Braut, und jede Braut schaut,
dass im Alltag sich nichts zusammenbraut.

C meint Charakter, und den sollt ihr pflegen,
denn Charakter bringt euch in der Ehe Segen.

Mit D beginnt »dein«, und so soll es sein.
Was mein ist, ist in der Ehe auch dein.

E ist die Ehe, das heißt, wie ihr wisst,
dass sie der Himmel auf Erden ist.

Das F sagt euch, es soll friedlich zugehen,
stets soll zwischen euch der Friede bestehen.

Das G bringt euch Glück an allen Tagen,
mit Glück könnt ihr beide alles wagen.

Das H ist der Anfang vom Himmel auf Erden.
Jeder Tag soll himmlisch und herrlich werden.

Mit I beginnt »immer«. Und hier steht geschrieben:
ihr zwei sollt euch immer von Herzen lieben.

Das J geb' euch Jugend für alle Zeit,
auch dann, wenn ihr schon alt und runzlig seid.

Das K ist der Anfang des Wortes »Kind«.
Vergesst nicht, dass Kinder ein Segen sind.

Das L heißt Liebe, die werdet ihr kennen,
nie soll sich die Liebe von euch trennen.

Mit M beginnt »Macht«. Übt nie aus die Macht,
weil es dann leicht in der Ehe kracht!

N ist die Not. Sie bleibe euch fern.
Doch habt euch auch in Notzeiten gern.

O steht für oft, und oft sollt ihr schweigen.
Und oft sollt ihr euch eure Zuneigung zeigen.

P steht für Pflichten, nehmt sie auf euch.
Schiebt sie nicht weg, erledigt sie gleich.

Q ist die Quelle, und eure Ehe sei
die Quelle der Freude für allerlei.

R steht für Ruhe, macht kein Getue
und lasst euch zwischendurch einfach in Ruhe.

S ist der Storch, der die Kinder bringt,
was für die Kinder recht komisch klingt.

T ist die Treue, drum achtet auf sie!
Denn ohne die Treue geht es nie!

Jetzt kommt das U, ihr sollt es bewachen,
und euch nie ein X für ein U vormachen.

V ist das Blümchen Vergissmeinnicht,
das täglich »vergiss mein nicht« zu euch spricht.

Mit W beginnt Weh, doch ein Himmel auf Erden
und kein Wehstand soll eure Ehe werden.

XY ist aus dem Fernsehen bekannt.
»Ungelöst« sei auch eure Ehe genannt.

Mit Z beginnt Zank. Doch meidet den Zank,
denn er macht eure Ehe nur krank.

Mit dem Buchstaben Z will ich enden.
Nehmt das Ehe-ABC aus meinen Händen.
Hängt's euch an die Wand und lest's jeden Tag,
damit eure Ehe stets gut gehen mag.
Ich wünsche, es möge nur Glück für euch geben.
Zum Schluss rufe ich: Hoch sollt ihr leben.

Das Ehestandsbarometer

Folgt der Mann hübsch seiner Frau,
ist der Himmel strahlend blau.

Ist er gut und auch kein Streiter,
gibt er nach, dann bleibt's stets heiter.

Wenn der Mann bleibt brav und wahr,
ist der Horizont stets klar.

Er gebe stets ihr sehr viel Liebe,
sonst wird der Himmel sehr bald trübe.

Wenn er einmal alleine schwelgt,
ist der Himmel bald bewölkt.

Widerspricht der Mann verwegen,
gleich entsteht ein Tränen-Regen.

Kommt er morgens um drei nach Haus,
dann bricht ein Ungewitter aus.

Bei Frauchens Fehler sei er blind,
sonst gibt es noch so manchen Wind.

Ist er trotzig und ohne Gefühl,
wird es Ernst und sie recht kühl.

Ist ihm zu hoch ein Kleid im Preis,
folgt kurz darauf viel Schnee und Eis.

Drum ehrt die Frauen wie die Götter,
dann habt ihr im Haus stets schönes Wetter.

Glück dem Ehebund

Ein dreifach Hoch zu dieser Stund
auf euren jungen Ehebund,
der nun in vielen frohen Jahren
einfach nur Gutes möge erfahren.

Wir wünschen im Familienkreis,
dass jeder von euch beiden weiß,
wie man, auf Lebenszeit verbandelt,
den Partner mit Geschick behandelt.

Es tut der Mensch, so viel er kann,
und schafft nach besten Kräften an.
Jedoch das Herz ist Trumpf im Spiel
und Harmonie das höchste Ziel.

So hoffen wir an diesem Tag,
der froh gestimmt verlaufen mag,
dass ihr in aller Folgezeit
in echtem Glück verbunden seid.

Zehn Regeln für die glückliche Ehe

Die Liebe sollt ihr sorgsam pflegen,
seid froh gelaunt bei Wind und Regen.
Vermeidet Kümmernis und Leid,
habt füreinander immer Zeit.
Seid sparsam, häuslich und bescheiden,
helft Hetze und den Stress vermeiden.
Tragt stets zusammen alle Sorgen,
denkt auch gemeinsam gern an morgen.
Und haltet Treue Jahr für Jahr!
Kurz: Seid ein gutes Ehepaar.

Es gibt nichts Schöneres auf Erden,
als lieben und geliebt zu werden.
Doch in jeder Ehe kommt es vor,
dass Ärger kommt auch mal empor.
Doch nach Streit sich zu verstehen,
das ist die Würze aller Ehen.
Auch sollt ihr immer schön dran denken
vorm Schlafengehen einzulenken.
Vergessen ist dann euer Streit,
und ihr seid für den nächsten Tag bereit.

Ein Hoch der jungen Ehe

Eine Hochzeit, die ist Klasse,
eine Hochzeit, die ist schön,
ja da kann man ein verliebt und
glücklich strahlend Pärchen seh'n.

Unser Brautpaar, unser liebes,
ja das ist vom rechten Schlag,
so ein Brautpaar wie das uns're
findet man nicht jeden Tag.

Liebe führte euch zusammen,
Liebe lässt euch glücklich sein,
alle Freuden, alle Sorgen
tragen besser sich zu zwein.

Ach, es ist ein Junggeselle
wirklich ein ganz armer Tropf,
niemand bügelt ihm die Hosen,
niemand näht ihm fest den Knopf.

Niemand wartet, wenn er heimkommt,
anders als beim Ehemann,
der sich auf sein liebes Frauchen
alle Tage freuen kann!

Drum ein Hoch der jungen Ehe,
dass sie lang und glücklich währt,
Glück dem Mann in seinem Schaffen,
Glück der Frau am eignen Herd!

Wenn die Liebe bleibt bestehen,
ist gesegnet Jahr um Jahr,
und bei allen Alltagssorgen
seid ihr doch ein glücklich Paar!

Was wir dem Brautpaar wünschen

Wir wünschen euch nicht alle möglichen Gaben,
wir wünschen euch nur, was die meisten haben.
Wir wünschen euch Zeit, euch zu freuen und zu lachen,
und wenn ihr sie nutzt, könnt ihr was daraus machen.

Wir wünschen euch Zeit für euer Tun und euer Denken,
nicht nur für euch selbst sondern auch zum Verschenken.
Wir wünschen euch Zeit, nicht zum Hasten und Rennen,
sondern die Zeit zum Zufrieden-sein-können.

Wir wünschen euch Zeit, nicht nur so zum Vertreiben,
wir wünschen, sie möge euch übrig bleiben
als Zeit für das Staunen und Zeit für Vertrauen,
anstatt nach der Zeit auf die Uhr nur zu schauen.

Wir wünschen euch Zeit, nach den Sternen zu greifen,
und die Zeit, um zu wachsen, das heißt: um zu reifen.
Wir wünschen euch Zeit, neu zu hoffen, zu lieben,
es hat keinen Sinn, diese Zeit zu verschieben.

Wir wünschen euch Zeit, euch selber zu finden,
jeden Tag, jede Stunde das Glück zu empfinden.
Wir wünschen euch Zeit, auch zum Schuld vergeben.
Wir wünschen euch: Zeit haben zum Leben!

Die Eltern

Das nächste Wort an diesem Tage,
gebührt den Brauteltern, ohne Frage,
die in mancher langen Nacht
am Bett des Kindes still gewacht.

Die euch treu führten in das Licht
mit ewig gütigem Gesicht.
Die nie an euch verzagten,
die alles für euch wagten.

Die nicht umsonst für euch gestritten,
die vieles, vieles für euch erlitten.
Die immerwährend für euch sorgten,
von einem bis zum nächsten Morgen.

Die stets bewachten euren Schlummer,
dass niemand machte euch auch Kummer,
die euch beim ersten Schritt betreuten
und Rosen auf den Weg euch streuten.

Die, die so oft um euch gebangt,
die seien nun tausendmal bedankt.

Wichtiger Ratgeber für die Gäste

Geht man zur Feier, dann nur gewaschen,
vorsorglich entleert man zu Hause die Taschen.
Der Magen ist leer, die Haare gekämmt,
zwei Rollen Papier unter die Arme geklemmt.
In diese wickelt Kuchen und Speisen ein,
denn zum Verderben werden sie zu schade sein.

Den Handwagen stellt ab vor der Hintertür,
darauf ladet am Ende das restliche Bier.
Doch lasst nicht zu viel nach Hause wandern.
denn was ihr tut, tun auch die andern.

Trinkt viel Schnaps und auch viel Wein.
Müdigkeit stellt sich heute nicht ein.
Stopft fest hinein, was es auch sei,
denn heute hält euch das Brautpaar frei.

Regeln für glückliches Zusammensein

1. Seid nie beide gleichzeitig sauer!
2. Schreit euch nie an, außer wenn das Haus in Flammen steht.
3. Wenn jemand das letzte Wort haben muss, lass es den anderen haben.
4. Wenn ihr euch kritisieren müsst, tut es nur liebevoll.
5. Rührt keine ollen Kamellen auf.
6. Vernachlässigt lieber den Rest der Welt als euch selbst.
7. Geht nie zu Bett, bevor nicht alle Probleme beseitigt sind.
8. Sagt mindestens einmal am Tag etwas Nettes zu eurem Partner.
9. Wenn ihr einen Fehler begangen habt, gebt es zu und bittet um Verzeihung.
10. Es geht nicht nur darum, die richtige Person zu heiraten, sondern auch darum, der richtige Partner zu sein.

GESCHENKE, DIE SPASS MACHEN

Allerlei Brauchbares

Guten Tag, ihr lieben Leute,
ich seh, ihr feiert Hochzeit heute.
Und nach Sitte und nach Brauch,
gibt's dazu Geschenke auch.

Fast jeder hat große Geschenke gebracht,
drum hab ich an Kleinigkeiten gedacht,
denn ohne sie kommt man nicht aus,
wenn es soll friedlich bleiben im Haus.

ein Küchensieb überreichen

Wie ja alle Leute sagen,
geht die Liebe durch den Magen,
und dieses Sieb, gar zart und fein,
sollte für die Küche sein,
denn ein Haar in der Suppe, oh Graus,
treibt den Liebsten dir gleich aus dem Haus.

Namen der Braut und des Bräutigams einsetzen; eine Dose Bier überreichen

Christine ist froh, dass es Dosen gibt,
und weil sie sich gern in der Disko vergnügt,
so bleibt keine Zeit zum Kochen ihr,
dann vergnügt Karl-Heinz sich mit ’ner Dose Bier.

ein Fertiggericht überreichen

Am Sonntag schlafen die beiden aus,
da herrscht Totenstille im ganzen Haus.
Gekocht wird an diesem Tag wieder nicht,
drum empfehle ich ein Schnellgericht.

Salatbesteck überreichen

Macht Christine durch Zufall mal Salat
und hat gleich dieses Besteck parat,
braucht sie nicht immer mit den Händen,
den Salat in der Schüssel zu wenden.

Korkenzieher überreichen	Ladet ihr euch einmal Gäste ein, dann wartet ihr auf mit Snacks und Wein. Doch bevor man kann kommen in den Genuss, der Korken aus der Flasche muss. Mit diesem Gerät wird's euch gelingen, so lange, bis die Gäste singen.
Haarspray, Schminke überreichen	Doch abends, wenn andere gehen ins Bett, wird's bei den beiden erst richtig nett. Denn jetzt wird gestylt, geschminkt und gemacht und ab geht's in die dunkle Nacht.
Tropfenfänger überreichen	Was ist das für ein seltsam Ding? Ein Schwämmchen mit 'nem Gummiring? Verheimlichen will ich's nicht länger: Es ist ein prima Tropfenfänger. Denn oft staunt man bei weißen Decken: Woher sind wohl die Kaffeeflecken? Ja, ich habe dran gedacht, dass jede Kanne Flecken macht.
Rührlöffel überreichen	Will dein Mann mal nicht parieren, tu dich bitte nicht genieren. Nimm den Löffel aus dem Schrank, dann wird ihm gleich Angst und Bang.
Schuhlöffel überreichen	Seit wir nicht mehr barfuß laufen, müssen wir uns Schuhe kaufen. Doch kann man die verflixten Dinger nicht immer anzieh'n mit dem Finger. Drum hat man schnell die Schuhe satt, wenn man keinen Schuhlöffel hat.
Würfelzucker überreichen	Wie man »es« macht, das ist euch klar – doch Kinder bringt der Storch, fürwahr. Nur müsst ihr ihm dafür was geben und diesen Zucker aufs Fensterbrett legen. Ist der Nachwuchs dann im Haus, hört's vorerst mit dem Ausgehen auf. Zum Schluss wünsche ich euch fürs Eheleben Glück, Zufriedenheit und reichlich Kindersegen.

Allerlei Nötiges

Es gibt in der Ehe keine Garantie,
aber was immer hilft, ist Diplomatie.
Um euch zu präparieren für euer Eheleben,
wollen wir euch das nötige Werkzeug geben.

Plastik-Blumentopf überreichen

Es gibt in der Ehe manchmal Momente,
da helfen nur fliegende Argumente.
Damit ihr schont euer beider Kopf,
hier unser spezieller Wurf-Blumentopf.

zum Bräutigam; Süßigkeiten überreichen, z.B. Schokoladenherz

Warst auf ein Fußballspiel du versessen
und hast darüber die Zeit vergessen,
komme nie heim ohne Süßigkeiten,
denn sonst gibt es nur Streitigkeiten.

zur Braut: »Merci«-Schokoriegel überreichen

Und hast du mal ein Kleid gekauft,
über dessen Preis er sich die Haare rauft,
sage nur lieb: Mein Schatz, vielen Dank –
gib ihm ein »Merci« und vermeide den Zank.

Rote Karte überreichen

Will er gern einen Sportwagen fahren
und fordert von dir, dafür kräftig zu sparen,
bewahre du die Übersicht
und sage: Nein, das gibt es nicht!

Prospekt von einem Transporter überreichen

Denn wo sollen unsere Kinder dann sitzen?
Und warum soll ich für Raten schwitzen?
Wir brauchen ein großes Bewegungsmittel,
das verdient den Familien-Kutschen-Titel.

zum Bräutigam: aus Butterkeksen und Zuckerguss kleines Haus zusammenkleben und überreichen; in der Weihnachtszeit auch ein Lebkuchenhaus

Und steht der Hausbau irgendwann,
auf eurer Familienliste an,
und denkt sie in größeren Dimensionen,
bewahre sie vor diesen Illusionen.

Glück wohnt auch in der kleinsten Hütte,
drum sie mit Liebe überschütte.
Das ist für die Liebe die beste Garantie
und außerdem die förderlichste Diplomatie.

Allerlei Nahrhaftes

Womit kann ich der jungen Braut
den Hochzeitstag versüßen?
Und womit kann ich heute laut
am schönsten dich begrüßen?

Mir fehlen Worte, inhaltsschwer,
dir heut zu gratulieren.
Doch womit finde ich Gehör?
Nun denn, ich will's probieren.

Ich weiß, ein junges Ehepaar
hat nichts in Küch' und Keller.
Die Schubladen sind auch noch leer,
kein Löffel drin, kein Teller.

Drum bring ich heute mit Bedacht
dir eine große Schachtel,
darin ist alles wohl verpackt.
ein kleines Päckchen Mehl überreichen
Vom feinsten Mehl ein Achtel.

Back ihm einen schönen Kuchen
ein Päckchen Rosinen überreichen
oder Rosinenwecken.
Ich wette, er wird dann versuchen,
die Schüssel auszulecken.

ein Päckchen Suppe überreichen
Die Suppe isst so gern dein Mann,
einige Kohlrabi überreichen
dazu gibt es Kohlraben,
und während du rührst die Suppe an.
kann er das Gemüse schaben.

Und geht dein Mann zu häufig aus,
einen Beutel Kartoffeln überreichen
dann koche ihm Kartoffeln.
Dann bleibt er liebend gern zu Haus,
gemütlich in Pantoffeln.

Butter und Zwiebeln überreichen
Und wenn es Bratkartoffeln gibt
mit Zwiebeln und mit Butter,
dann ist ihm klar: Er wird geliebt,
das ist sein Lieblingsfutter.

Mit Milch machst du Kartoffelbrei,
aber locker muss er sein.

eine Flasche Milch überreichen

Dazu machst du ihm Spiegelei,
das schmeckt ihm wirklich fein.

ein Päckchen Eier überreichen

Dann bring ich dir, nimm's freundlich an,
zum Schluss noch Erbsen, Linsen.
Viel Glück für dich und deinen Mann –
und übers Jahr vielleicht 'nen Prinzen.

eine Dose Erbsen, ein Päckchen Linsen überreichen

Hochzeits-Alphabet

Wenn ein Hausstand wird gegründet,
ist vieles zu bedenken,
und was dabei vergessen wird,
das wollen wir euch schenken.

Wir bringen euch, wie ihr seht,
das neue Hochzeits-Alphabet.
Zur Reinigung in eurem Leben
darf ich euch *Ata* übergeben.

Flasche Ata überreichen

Doch nur mit Reinlichkeit, oh Schreck,
bringt man seinen Durst nicht weg.
Durst und Ärger ziehen aus,
hast du stets *Buttermilch* im Haus.

einen Becher Buttermilch überreichen

Hier habe ich etwas zu benutzen,
ihr könnt damit so manches putzen;
es soll nie ausgehn wie das Bier:
Ich meine dieses *Clopapier.*

eine Rolle Toilettenpapier überreichen

Ein jeder Haushalt haben soll
stets eine Schachtel mit *Darmol.*

eine Schachtel Darmol überreichen

Das Unbehagen bleibt dann aus,
und ihr kommt wieder aus dem Haus.

Und seid ihr nach dem Baden nass,
so sollt ihr es nicht bleiben,
denn ihr könnt euch, das macht viel Spaß,
mit *Frottee* trocken reiben.

ein Frottee-Handtuch überreichen

Ganz wichtig ist auf dieser Welt,
so auch für euch, das liebe *Geld*.
Drum möcht ich euch für euer Leben

1-Cent-Stück überreichen
einen guten Samen geben.

Man nehme, kratzt es euch im Hals,

ein Hustenbonbon überreichen
ein *Hustenbonbon* ganz aus Malz.

Die Liebe sei in eurem Haus

einen Strauß immergrüne Pflanzen überreichen
immergrün wie dieser Strauß.

Doch drücken Sorgen dich und schlagen
dir, lieber Bräutigam, auf den Magen,
nimm zur Belebung deiner Geister

eine kleine Flasche Jägermeister überreichen
ein kleines Schlückchen *Jägermeister*.

Die Liebe leuchte in euren Herzen

zwei Kerzen überreichen
so wie diese schönen *Kerzen*.

Nimm dies Gerät zu deiner Habe:
Der *Löffel* wird zum Zauberstabe,
der manches Herz betört
und manchen Sturm beschwört.
Denn weckt er in der Küche
recht liebliche Gerüche,
ist rasch der Groll verstummt.
Und wenn der Hausherr brummt,
so rühre, rühre, rühre,
behexe und verführe –
und es versage nie

einen Kochlöffel überreichen
dir diese Art Magie!

Wer Kinder liebt und kleine Leute,

eine Packung Milupa-Kinderbrei überreichen
hat an *Milupa* seine Freude.

Bei jedem guten Mittagessen

eine Packung Nudeln überreichen
sollt' man die *Nudeln* nicht vergessen.

Den Durstigen gibt wieder Kraft

eine Flasche Orangensaft überreichen
ein großer Schluck *Orangensaft*.

Sehr praktisch wär', so finden wir,

Notitzblock überreichen
ein Notizblock aus *Papier*.

Macht's wie ich, dann bleibt ihr stark:

einen Becher Quark überreichen
Ich esse zweimal täglich *Quark*.

Und der Bräutigam bekommt, ihr Leute,
diese schöne *Rose* heute.
Künftig jedoch sollst du im Leben
deiner Frau die Rosen geben.

eine Rose überreichen

Ein jeder soll im Eheleben
nur manchmal seinen *Senf* zugeben.

eine Tube Senf überreichen

Und tut der Magen euch mal weh,
dann trinkt 'ne heiße Tasse *Tee*.

einen Beutel Tee überreichen

Alles andere im Leben
könnt ihr mit dem *Uhu* kleben.

eine Tube Uhu überreichen

Nach dem Essen, sei sein Wille,
stets ein Pudding mit *Vanille*.

ein Päckchen Vanillepudding überreichen

Und wird dein Gatte mal zu munter:
Ein *Wellholz* wirkt hier wahre Wunder.

Wellholz überreichen

Merkt euch den *Zucker*, jemineh,
er süßt und schließt das ABC.

eine Packung Zucker überreichen

Die Hochzeitstorte

Klopapierrollen dreistöckig auf eine Pappscheibe kleben, um die untere Ebene ein schönes Samtband wickeln und Teelichter darauf verteilen

Vor kurzem kam eure Einladung,
vor Freude machte ich einen Sprung.
Doch musste ich erst überdenken:
Was kann ich nur den beiden schenken?
Ihr habt den Haushalt fast komplett,
fast alles im Schrank und auch im Bett –
etwas Persönliches sollte es sein,
da fiel mir auch schon was Sinnvolles ein.

Vernachlässigt werden immer die »stillen Orte«,
drum schenke ich euch eine Hochzeitstorte.
Schaut sie nur an und gleich werdet ihr denken,
man kann heutzutage nichts Praktischer's schenken,
denn jedes einzelne Tortenstück,
könnt ihr benutzen im stillen Glück.
Durch alle Läden der Stadt bin ich gelaufen,
um für euch das beste und weichste zu kaufen.

Die Auswahl war schwer, ich konnte es nicht fassen,
es sollte ja auch zu den Tapeten passen,
mit Blümchen, in Farbe, auch rau und ganz fein –
zur Hochzeit sollte es was Besonderes sein.
Drum wurde sie gefertigt in Handarbeit,
und heute Mittag war es so weit:
Schön verpackt und fein dekoriert,
so bekommt ihr sie jetzt präsentiert.

Und habt ihr 'ne Sitzung auf dem stillen Orte,
vergesst nie meine Hochzeitstorte.
Auch im Wald und auf der Heide,
macht die Torte recht viel Freude.
Ja, sogar zum Naseputzen
lässt sich ein Tortenstück benutzen.
Außerdem könnt ihr am Sonntagmorgen,
wenn die Läden geschlossen, den Nachbarn was borgen.

Die Torte ist ganz ohne Frage,
Hilfe in jeder Lebenslage.
Drum möge sie helfen in misslichen Lagen.
»Wir sind froh, sie zu haben«, könnt ihr dann sagen.
Ich wünsche heute zu eurem Feste
euch beiden nur das Allerbeste!

Liebe geht durch den Magen

ein Buch oder einen Ordner mit den Lieblingsgerichten der beiden zusammenstellen

Man hört im Allgemeinen sagen,
die Liebe gehe durch den Magen.
Du erkennst am Gericht jeweils ihr Gemüt
und kannst daran sehen, was dir blüht!

Kocht sie gut und deftig,
wird die Liebe heftig.
Kocht sie eher dezent,
dann wird sie renitent.

Tut sie das Essen süßen,
musst du es später büßen.
Ist das Gericht versalzen,
will sie mit dir balzen.

Und wenn sie kocht süß-sauer,
bist du auch nicht schlauer.
Kocht sie mal gar nichts mehr,
ist er los, der böse Bär.

Deshalb, Bräutigam, sei schlau,
koch öfter mal für deine Frau.
Damit kein größerer Schaden entsteht,
schlag nach hier im Heft, dann weißt du, wie's geht.

Gute-Laune-Geschenke für die Monate nach der Hochzeit

Heute ist euer Hochzeitstag,
der schönste Tag im Leben.
Alles ist nun auf einen Schlag
anders als früher gegeben!

Um euch heute zu verwöhnen,
kommen wir jetzt mit Geschenken.
Sie soll'n euch den Tag verschönen
und auch eure Zukunft lenken.

Das erste Geschenk, das ich jetzt meine:
Es wird heute in vier Wochen
für euch beide ganz alleine
das Restaurant »Sonne« was Leckeres kochen.

Essensgutschein für 2 Personen überreichen

In drei Monaten wird es nett:
Mit Karten für das Lichtspielhaus
kommt ihr endlich mal aus dem Bett
oder aus dem Alltag raus.

Kinogutscheine überreichen

In sechs Monaten wird es kulturell,
denn ihr bekommt zwei Theaterkarten.
Im Theater seid ihr schnell,
müsst nicht in der Schlange warten.

Theatergutscheine überreichen

Neun Monate sind eine lange Zeit,
auch für ein junges Glück.
Für ein Wochenende steht ein Zimmer bereit,
kommt glücklich wieder zurück.

Hotelgutschein für ein Wochenende überreichen

In einem Jahr laden wir euch ein,
euren Hochzeitstag mit uns zu begehen.
Dann sollt ihr immer noch glücklich sein
und euch bestens verstehen.

Und dann, in 25 Jahr',
veranstalten wir eine Fete
für das silberne Hochzeitspaar,
dann startet 'ne große Rakete.

Feuerwerkskörper überreichen

Etwas Neues, etwas Altes, etwas Geborgtes, etwas Blaues

Es ist üblich und der Brauch,
und ihr wisst es sicher auch,
dass die Braut vier Sachen trägt,
wie die Sitte es vorschlägt.

Sie ist eine hübsche Frau,
deswegen passt zu ihr die Farbe blau.
Ein Strumpfband soll das Bein ihr zieren:
Heb den Rock, nicht so genieren!

blaues Strumpfband, Einmachgummi oder einfaches Gummiband über das Bein streifen

Als Neues haben wir gedacht,
dass dir 'ne Brosche Freude macht.
Du sollst sie immer bei dir tragen,
denn immer kann die Lust zuschlagen.

Kondompäckchen ans Kleid heften, bei dem auf einer Seite eine Broschennadel aufgeklebt ist

Was braucht man überall auf der Welt?
Richtig geraten: Das ist Geld.
Doch wir können's dir nur borgen,
du musst es dir schon selbst besorgen.

ein auf etwa 2 cm breites, 80 cm langes Band Cent-Stücke mit Heißklebepistole aufkleben, an beiden Enden etwa 10 cm frei lassen und dann das Band zur Halskette verknüpfen

Du selbst strahlst heute wie ein Diamant,
doch fehlt dir was Altes für die Hand.
Edle Teile haben wir zusammengefasst,
wir hoffen, dass es um dein Handgelenk passt.

auf ein Gummiband alte Muttern, Knöpfe, einen Schnuller, alte Perlen, Gehäuse einer kaputten Armbanduhr usw. auffädeln

So bist du gerüstet für das kommende Glück,
außer Geld behältst du auch jedes Stück.
Da kann dir in Zukunft nichts mehr passieren
und uns bleibt nur noch zu gratulieren.

Ich bin heute so schön angezogen,
eure Hochzeit hat mich dazu bewogen.
Ich will, dass ihr euch immer liebt,
und dass es euch ewig zusammen gibt.

* * *

Der Prinz hat Dornröschen wach geküsst,
wie ihr alle aus dem Märchen wisst.
Rapunzel ließ ihr Haar herunter,
schon zappelte dran ein Mann ganz munter.
Schneewittchen mit den sieben Zwergen
fand der Prinz gleich hinter den Bergen.
Aschenputtel lebte in der Küche versteckt,
doch der Königssohn hat sie auch dort entdeckt.
So habt auch ihr beide euch gesucht und gefunden
– lebt gemeinsam bis ans Ende eurer Stunden.

* * *

Die Braut sieht aus wie eine Märchenfee,
die blauen Augen sind klar wie ein See.
Der Bräutigam auch sehr glücklich schaut,
hat er doch weit und breit die schönste Braut.

* * *

einen Blumenstrauß überreichen

So schöne Blumen, so schöne Leute –
es passiert etwas Besonderes heute.
Seht sie an, die schöne Braut,
wie er sie verliebt anschaut.
So soll er es immer tun,
ohne Rasten und ohne Ruh'n.

* * *

Die Braut ist eine süße Maus,
deshalb holt sie ihr Mann ins Haus.
Nur was Kleines fehlt noch den zwei'n:
Es kann ruhig ein Mäuschen sein.

Blumenstrauß überreichen

Blumen sind das Bild der Freude,
drücken mehr als Worte aus;
darum pflückt' ich für euch beide
heute einen Blumenstrauß.

Meine Wünsche am heutigen Tage
hab ich alle hineingelegt;
Ach, dass er euch nun auch sage,
was mein Herz so tief bewegt.

Mögen euch auf eurem Pfade,
in dem frischen Lebensgrün,
überall durch Gottes Gnade
viele tausend Blumen blühn.

* * *

Rosen, Tulpen, Nelken,
alle Blumen welken.
Doch eure Liebe wird immer blühn
und euer Glücksstern soll ewig glühn.

* * *

Ich bin gern hierher gekommen,
um heute mich mit euch zu freun;
das hätt' mir keine Welt genommen,
ich muss auf eurer Hochzeit sein!

Ich wollt' den Bräutigam doch sehen
und auch die liebe, schöne Braut.
Ich denk', dass die sich gut verstehen,
seht, wie die Braut so freundlich schaut.

Werd' ich einmal Hochzeit machen,
dann lad' ich viele Leute ein,
doch keine bösen wilden Knaben,
die müssen dann zu Hause sein.

Noch eins sag ich, ihr dürft nicht lachen,
ich bin ja noch so jung und klein:
Werde ich einmal Hochzeit machen,
dann lade ich euch alle ein.

Heute jubelt die ganze Hochzeitsschar:
Was ist das nur für ein schönes Paar!
Ihr strahlt mit den Sternen um die Wette,
eure Freude glänzt wie eine Perlenkette.

* * *

Ihr habt euch endlich zusammengetan
und fangt jetzt mit dem Üben an.
Kaufen kann man Kinder nicht im Laden,
trotzdem freu' ich mich bald auf Spielkameraden.

SPRÜCHE FÜR DIE ZEITUNG

Wir freuen uns bekannt zu geben,
ihr könnt es heute live erleben:
Joachim seine Beate freit.
Sagt es allen weit und breit.

Namen durch die des Brautpaares ersetzen

* * *

Liebe Leute, es ist wahr:
Isabelle und Peter sind ein Paar.
Glück, Liebe und Zufriedenheit
mögen euch begleiten für alle Zeit.

Namen durch die des Brautpaares ersetzen

* * *

Seit ein paar Monaten seid ihr ein Paar
und heute tretet ihr vor den Altar.
Mögen die Jahre nur Gutes bringen
und euch jeden Tag die Engelein singen.

Nach einem Jahr Verlobungszeit
ist es endlich heut so weit.
Die Zukunft ist jetzt himmelblau,
seit heute seid ihr Mann und Frau.
Zu jeder Zeit, an jeder Stell'
dürft ihr's jetzt ganz offiziell.

* * *

Hoch dem, der diese Institution erfand –
ich spreche vom heiligen Ehestand.
Alleine ist es langweilig, öde und fad,
deswegen gehen wir ab heute gemeinsam den Pfad.

* * *

für ein etwas älteres Brautpaar

Zwei Herzen wandelten lange allein
und waren am Ende mit ihrem Latein.
Doch dann fanden sie ihren Edelstein
und haben nun alles zum Glücklichsein.
Und heute in der Kirche wird's hochoffiziell:
Sie sind bestimmt für einander, ganz speziell!

* * *

Ab heute seid ihr nicht mehr einsam,
sondern lebt euer Leben gemeinsam.
Ab heute wird nicht mehr gesucht,
denn ihr habt das Glück gebucht.
Ab heute seid ihr Mann und Frau
und euer Himmel sei ewiglich blau.

* * *

Hochzeit mit Taufe

Wir haben die Reihenfolge verdreht,
aber jetzt wissen wir, wie es richtig geht.
Drum feiern wir Hochzeit mit Taufe heute
und hoffen auf Gottes Segen und recht viele Leute.

* * *

zur zweiten Ehe

Wir wollen es noch einmal probieren
und uns nicht länger dabei zieren.
Unsere Liebe soll halten, keine Frage,
natürlich bis ans Ende unserer Tage.

Bärbel und Bertram heiraten heute,
alles Gute wünscht die ganze Meute.

Namen durch die des Brautpaares ersetzen

* * *

Andreas sich heute traut,
Marianne wird seine Braut.
Zwei Menschen haben sich gefunden,
sind ab heut miteinander verbunden.

Namen durch die des Brautpaares ersetzen

* * *

Die Engel im Himmel frohlocken:
Heute läuten die Hochzeitsglocken.
Dieter und Susanne, die trauen sich.
Es grüßen die Freunde ganz feierlich.

Namen durch die des Brautpaares ersetzen

* * *

Sonne, Mond und Sterne,
wir haben euch so gerne.
Deshalb wünschen wir euch Glück
zu eurem heutigen Meisterstück.

* * *

Frohgelaunt gehst du heut hin,
wartet deine Braut doch drin.
Kommt ihr aus dem Kirchenbau
ist die Iris deine Frau.

Namen der Braut einsetzen

* * *

Sie wandelten in Zeit und Raum
und dachten nicht daran im Traum,
dass sie nur jeweils eine Hälfte sind,
nun gingen sie zusammen geschwind.

* * *

Herzlich grüßen wir euch aus der Ferne,
von eurer Hochzeit hören wir gerne.
Das war für alle ja abzusehen,
wenn sich zwei so gut verstehen.

Mutig warst du ja schon immer,
doch kann es kommen noch schlimmer?
Aber mit der Frau/dem Mann kann ich das verstehen,
die/der wird immer zu dir stehen.

* * *

Liebe und Leidenschaft
ist das, was Nachwuchs schafft.
Frohes Schaffen!

* * *

Ihr versprecht euch heute feierlich, alles zu teilen.
Kann ich den Rest haben?

* * *

Da du jetzt deinen persönlichen »Hometrainer« hast,
brauchst du doch sicher deine Jahreskarte
für das Fitness-Center nicht mehr – oder?

* * *

Die Disco wird sich nicht sehr freu'n.
Wirst du doch jetzt öfter zu Hause sein.

* * *

Du gehst heute im Handstand
in den Ehestand.
Versuche mit Anstand
zu halten das Eheband.

* * *

Namen des Bräutigams und der Braut einsetzen

Friede, Freude und Eierkuchen,
Günther muss nun keine Frau mehr suchen.
Töpfe, Zahnpasta und Nagelfeilen
werden sich Günther und Eva von nun an teilen.

O wie lieblich, o wie schicklich,
sozusagen herzerquicklich
ist es doch für eine Gegend,
wenn zwei Leute, die vermögend,
außerdem mit sich zufrieden,
aber von Geschlecht verschieden,
wenn nun diese, sag ich, ihre
dazu nötigen Papiere
sowie auch die Haushaltssachen
endlich mal in Ordnung machen
und in Ehren und beizeiten
hin zum Standesamte schreiten,
wie es denen, welche lieben,
vom Gesetze vorgeschrieben,
dann ruft jeder freudiglich:
Gott sei Dank! Sie haben sich!
Wilhelm Busch

Auch allen künftigen Stunden,
nicht heut dem Tag allein,
soll dieser Segensspruch
von uns geweihet sein.

Ihr seid nun eins, ihr beide,
und wir sind mit euch eins.
Trinkt auf der Freude Dauer
ein Glas des echten Weins!

Und bleibt zu allen Zeiten
einander zugekehrt,
durch Streit und Zwietracht werde
nie euer Band gestört.
Johann Wolfgang von Goethe

Du wirst im Ehestand viel erfahren,
was dir ein halbes Rätsel war.
Bald wirst du aus Erfahrung wissen,
wie Eva einst hat handeln müssen,
dass sie hernach den Kain gebar.
Doch, Schwester, diese Ehstandspflichten,
wirst du von Herzen gern verrichten,
denn glaube mir, sie sind nicht schwer.
Doch jede Sache hat zwo Seiten:
Der Ehstand bringt zwar viele Freuden,
allein auch Kummer bringet er;
drum, wenn dein Mann dir finstre Mienen,
die du nicht glaubest zu verdienen,
in seiner üblen Laune macht,
so denke, das ist Männergrille
und sag: Herr, es gescheh dein Wille
bei Tag – und meiner bei der Nacht.
Wolfgang Amadeus Mozart

Ach! Des Lebens schönste Feier
endigt auch den Lebensmai,
mit dem Gürtel, mit dem Schleier
reißt der schöne Wahn entzwei.
Die Leidenschaft flieht,
die Liebe muss bleiben.
Die Blume verblüht,
die Frucht muss treiben.
Friedrich von Schiller

Den Strahl der Liebe glänzen
seh ich im Aug' dir klar.
Der schönste von den Kränzen
schmückt heut dein blondes Haar.

Schon früh im jungen Leben
ward dir ein hohes Glück;
das Schicksal hat gegeben –
es nehme nichts zurück.

Bleibt auch in spät'ren Tagen
nicht ferne dir das Leid –
die Liebe kann's ertragen,
die Liebe macht gefeit.

Drum sei dein Bund gesegnet
von eines Dichters Wort:
Was immer dir begegnet,
die Liebe sei dein Hort.
Ferdinand von der Saar

Ihr Diener, werte Jungfrau Braut,
viel Glück zur heut'gen Freude!
Wer sie in ihrem Kränzchen schaut
und schönem Hochzeitskleide,
dem lacht das Herz vor lauter Lust
bei ihrem Wohlergehen;
was Wunder, wenn mir Mund und Brust
vor Freuden übergehen.
Johann Sebastian Bach

Nichts ist schwer für den, der liebt!
Cicero

Gleichheit ist immer das festeste Band der Liebe.
Gotthold Ephraim Lessing

Mit dem Liebsten kann man auch in der kleinsten Hütte glücklich sein.
Leo N. Tolstoi

Die Liebe sammelt die zerstreuenden Strahlen des Horizontes in einem Brennpunkt.
Johann Nepomuk Nestroy

Für den Wert des Menschen ist die Güte des Charakters das Höchste, aber für das Zusammenleben ist Humor und Temperament beinahe noch wichtiger.
Franz Grillparzer

Das ist schwer: ein Leben zu zwein.
Nur eins ist noch schwerer: einsam sein.
Kurt Tucholsky

Das höchste Glück des Lebens besteht in der Überzeugung, geliebt zu werden.
Victor Hugo

Wie atmet im Herzen die Liebe! Es ist, als wolle man sein ganzes Herz überströmen lassen. Man will, dass alles froh sei, dass alles lache! Und wie ansteckend ist diese Freude.
Fjodor M. Dostojewskij

Man soll lieben, so viel man kann, und darin liegt die wahre Stärke, und wer viel liebt, der tut auch viel und vermag viel, und was in Liebe getan wird, das wird gut getan.
Vincent van Gogh

Darin besteht die Liebe: Dass sich zwei Einsame beschützen und berühren und miteinander reden.
Rainer Maria Rilke

Heut ist mir alles herrlich, wenn's nur bliebe!
Ich sehe heute durchs Augenglas der Liebe!
Johann Wolfgang von Goethe

In der Ehe muss man sich manchmal streiten, nur so erfährt man etwas voneinander.
Johann Wolfgang von Goethe

Je glücklicher wir einen anderen machen, umso glücklicher werden wir selbst.
Ludwig Feuerbach

Liebe gibt nichts als sich selbst und nimmt nichts als von sich selbst. Liebe besitzt nicht, noch lässt sie sich besitzen; denn die Liebe genügt der Liebe.
Khalil Gibran

Einen Menschen lieben heißt, ihn so zu sehen, wie Gott ihn gemeint hat.
Fjodor M. Dostojewskij

Wenn die Liebe dir winkt, folge ihr, sind ihre Wege auch schwer und steil.
Khalil Gibran

Wenn zwei Liebende einig sind, bedeuten Schwierigkeiten kein Hindernis.
Alfred de Musset

Aus der Bibel

Das ist mein Gebot: Liebet einander, so wie ich euch geliebt habe.
(Johannes 15,12)

Liebe und Treue werden euch nicht verlassen, und ihr werdet eure Wege in Freundlichkeit und Klugheit gehen. Gott und den Menschen wird das gefallen. Verlasst euch auf Gott von ganzem Herzen, und verlasst euch nicht in erster Linie auf euren Verstand.
Gott wird euch führen, wenn ihr euch auf all euren Wegen auf ihn einlasst. Hänge dir seine Wegweisungen um den Hals, dass du sie jederzeit griffbereit hast.
Schreibe sie dir auf die Tafel deines Herzens, damit du sie niemals vergisst. Befiehl Gott deine Wege und vertraue auf ihn, so wird er handeln.
(Sprüche 3,3-5, erweitert durch Sprüche 6,21 und Psalm 37,5)

Seid miteinander freundlich, herzlich, vergebt einer dem anderen, gleich wie Gott euch vergeben hat in Christus.
(Epheser 4,32)

Denn Gott hat uns nicht gegeben den Geist der Frucht, sondern der Kraft und der Liebe und der Besonnenheit.
(2. Timotheus 1,7)

Vor allem haltet fest an der Liebe zueinander.
(1. Petrus 4,8)

Dient einander, ein jeder mit der Gabe, die er empfangen hat, als die guten Haushalter der mancherlei Gnade Gottes.
(1. Petrus 4,10)

Gott ist Liebe, und wer in der Liebe bleibt, bleibt in Gott, und Gott bleibt in ihm. Furcht gibt es nicht in der Liebe, die vollkommene Liebe vertreibt die Furcht. Wer sich fürchtet, ist in der Liebe nicht vollendet.
(1. Johannes 4,16.18)

Sie sind nicht mehr zwei, sondern eins. Was aber Gott verbunden hat, das darf der Mensch nicht trennen.
(Matthäus 19,6)

Wo du hingehst, da will ich auch hingehen; wo du bleibst, da bleibe ich auch. Dein Volk ist mein Volk, und dein Gott ist mein Gott. Wo du stirbst, da sterbe ich auch, da will auch ich begraben werden.
(Ruth 1,16)

Gott segne die Stunden

Gott segne die Stunden, die vor euch liegen, damit ihr mit ganzem Herzen feiern könnt, dass es euch gibt und dass ihr eure Liebe bei euch habt.

Gott segne die Tage, die vor euch liegen, damit ihr Kummer vergessen könnt und erwartungsvoll aufbrecht in eine Zukunft voller Hoffnung.

Gott segne die Wochen, die vor euch liegen, damit ihr auch im Alltag Kraft schöpfen könnt, um ihn zu bestehen.

Gott segne die Monate, die vor euch liegen, damit wächst, was euch verbindet, und ihr einander mehr und mehr zur Heimat werdet.

Gott segne die Jahre, die vor euch liegen, damit ihr Ebbe und Flut in eurer Ehe als Gezeiten der Liebe erlebt.

Und Gott segne uns alle, damit uns für viele Stunden, Tage, Monate und Jahre eure Liebe zum Zeichen wird, wie Gott ist.

Das hohe Lied der Liebe

Wenn ich in den Sprachen der Menschen und Engel redete, hätte aber die Liebe nicht, wäre ich ein tönendes Erz oder eine lärmende Pauke.

Und wenn ich prophetisch reden könnte und alle Geheimnisse wüsste und alle Erkenntnis hätte; wenn ich alle Glaubenskraft besäße und Berge damit versetzen könnte, hätte aber die Liebe nicht, wäre ich nichts.

Und wenn ich meine ganze Habe verschenkte, und wenn ich meinen Leib dem Feuer übergäbe, hätte aber die Liebe nicht, nützte es mir nichts.

Die Liebe ist langmütig, die Liebe ist gütig. Sie ereifert sich nicht, sie bläht sich nicht auf. Sie handelt nicht ungehörig, sucht nicht ihren Vorteil, lässt sich nicht zum Zorn reizen, trägt das Böse nicht nach, sie freut sich nicht über das Unrecht, sondern freut sich an der Wahrheit.
Die Liebe erträgt alles, glaubt alles, hofft alles, hält allem stand. Die Liebe hört niemals auf.
(1. Korinther 13,1-8a)

Leib und Seele versorgen

Gott möge euch beiden, so wie heut,
in eurem ganzen Leben,
Gesundheit, Fried' und Einigkeit
und Trinken und Essen geben.
In Glück und Unglück frohen Mut
und immerzu volle Fässer!
Denn volle Fässer sind sehr gut –
doch Zufriedenheit ist besser.

Möge ein guter Mensch dich begleiten

Ich wünsche dir einen Menschen, dem du vertrauen kannst, und der dir sagt, was er fühlt und denkt, der dir Sicherheit gibt und Vertrauen, bei dem du dich geborgen fühlen kannst, was immer geschieht.

Ich wünsche dir einen Menschen, vor dem du dich nicht verstecken musst, und der vor dir nicht Verstecken spielt, wo du sein kannst, wie du bist, mit Freuden und mit Fehlern, mit Lachen und mit deinen Tränen.

Ich wünsche dir einen Menschen, vor dem du dich nicht dauernd verteidigen musst, der dich nicht in ein fixes Bild pressen will, der dir Veränderung zugesteht und dich sein lässt, wie du bist.

Ich wünsche dir einen Menschen, in dessen Nähe du ganz du selbst sein kannst, und der dir hilft auf deinem Weg, ein immer besserer Mensch zu werden.

Ich wünsche dir einen Menschen, der dir vergeben und der vergessen kann, der sich entschuldigen kann, wenn er einen Fehler begangen hat, der nach einem Streit dir die Hand zur Versöhnung wieder reicht und den ersten Schritt zu dir macht.

Ich wünsche dir einen Menschen, der dich wirklich liebt: nicht obwohl und nicht deshalb, nicht trotzdem und auch nicht weil, sonder ohne Wenn und Aber einfach dich, so wie du bist.

Ich wünsche dir einen Menschen, der das Leben liebt und dich, weil du lebst und solange du lebst.

PATCHWORK-FAMILIE

Vier Beine gehen zum Traualtar,
zwei kleine trippeln mit.
Ihr werdet heute zum Ehepaar
und seid damit zu dritt.

* * *

Zwei Familien werden heute vereint,
das ist fürwahr perfekt.
Auch wenn es so mancher zu fürchten meint:
Das niemand mehr erschreckt.
Sie werden zusammen glücklich sein.
Wir wissen: Sie werden es niemals bereu'n.

* * *

Heute macht ihr es für alle klar,
nun seid ihr ein anständiges Ehepaar.
Ihr habt auch schon an die Zukunft gedacht
und euren Sohn Daniel gleich mitgebracht.

durch Namen des Kindes ersetzen

* * *

Das ist aber sehr nett,
ab heute seid auch ihr komplett.
Ein Kleeblatt mit vier Blatt,
glücklich, zufrieden und satt.

* * *

Heute geht euer Traum in Erfüllung
denn wir feiern eure Vermählung.
Eure kleine, süße Maus ist auch dabei,
euer gemeinsames Leben stets sonnig sei.

* * *

Eine Frau braucht einen Mann
und Kinder ihre Eltern.
Dass dies durchaus klappen kann
zeigt ihr uns sehr gern.

Jetzt seid ihr vor Gott und der Welt
eine komplette Familie, die zusammenhält.
Ihr vier sollt zusammen glücklich sein,
und nie mehr seid ihr von nun an allein.

Die Kinder gratulieren

Mami und Max, die heiraten heute,
drum seid ihr hier, ihr lieben Leute.
Denn jetzt sind endlich wir komplett,
und das find ich riesig nett.

Namen des Bräutigams einsetzen

* * *

Heute ist hier alles toll,
denn unsere Familie wird voll.
Wir wollen zusammen glücklich sein
und wünschen uns dafür jede Menge Schwein.

Namen der Braut einsetzen

Heute rufen wir laut Hurra,
die Inge heiratet meinen Papa.
Darum sind sehr glücklich wir
und das feiern wir heut hier.

* * *

Lange mussten wir drauf warten,
bis mein Daddy sich hat getraut.
Endlich können wir jetzt starten.
Hier wurde alles aufgebaut,

ans leibliche Wohl haben wir gedacht,
an Essen, Trinken, Fröhlichsein.
Die Trauung hat uns Mut gemacht,
wir werden immer glücklich sein.

Drum freut euch mit uns allen hier,
stoßt an mit Wasser, Wein und Bier.
Trinkt auf des neuen Paares Wohl,
dann wird die Zukunft sicher toll.

Die Großeltern gratulieren

Heut ist das lang ersehnte Fest,
denn fertig ist bereits das Nest.
Heute ist unsre Familie vollkommen,
wir heißen euch darum herzlich willkommen.

* * *

Willkommen in unserem Familienkreise
am Ende eurer langen Reise.
Wir freuen uns über den Zugewinn,
das gibt uns wieder einen neuen Sinn.

Kartengrüße

Eins und eins, das gibt zwei,
deshalb seid ihr auch dabei.
Ihr wollt genau wie die andern sein,
drum reihe ich mich in den Jubel ein.

* * *

Kunterbunt ist diese Welt.
Jeder so, wie's ihm gefällt.
Bunt soll's in eurem Leben blühn:
rot, gelb, lila, blau und grün.

* * *

Gleich und Gleich gesellt sich gern,
deshalb liegt es gar nicht fern,
dass zwei Männer/ Frauen, die sich lieben,
ihre Sachen zusammenschieben.
Ihr teilt ab heute Tisch und Bett.
Wir finden's toll und wirklich nett.

* * *

Euer Weg bis hier war zäh und hart,
deshalb finden wir's apart,
dass ihr habt gefasst den Mut,
den letzten Schritt ihr heute tut.
Wir wünschen, eure Liebe bleibe ewig bestehen,
und alle mögen sie akzeptieren und sehen.

* * *

Wir rufen in die Welt hinaus:
Hier ist euer Hochzeitsstrauß!
Es soll sich keiner daran wagen,
an eurem Glück herumzunagen.

Eltern an ihren schwulen Sohn

Lieber Sohn, heute ist es so weit,
du trittst in den Stand der Zweisamkeit.
Wir hatten uns erst auf 'ne Tochter gefreut,
doch für 'nen weiteren Sohn sind wir gleichfalls bereit.

* * *

Für uns ist es dein Glück, das zählt.
Es ist uns das Wichtigste auf der Welt.
Drum haben es weit und breit alle vernommen:
Wir heißen euch beide herzlich willkommen.

* * *

Der Volksmund sagt es ganz genau:
Zur Ehe gehören Mann und Frau!
Dem sind die Leute aufgesessen,
denn sie haben die Liebe vergessen.

Warum soll nicht Gleich und Gleich sich lieben
und schweben wie auf Wolke sieben?
Ihr haben genau die gleichen Pflichten,
wie sie Mann und Frau verrichten.

So sollt ihr gut zueinander sein
und euch zufügen keine Pein.
So sollt ihr viele glückliche Jahre leben,
und wir wollen euch in den Himmel heben!

Bekanntmachung in der Zeitung

Heut ändert sich unser beider Leben:
Wir wollen zusammen nach Höherem streben.
Auch wenn manche das nicht können verstehen,
wir wollen gemeinsam durchs Leben gehen.

* * *

(von Eltern)
Wir geben heute allen zur Kunde:
Unser Sohn hat heut seine große Stunde!
Unser Andreas nimmt Daniel zum Mann –
sie sollen glücklich sein, wie man(n) nur kann.

Namen durch die des Paares ersetzen

* * *

(von Geschwistern)
Da werdet ihr staunen, liebe Leute
unsere Schwester vermählt sich heute.
Sabine und Ulla werden ein Paar,
und es gratuliert die Geschwisterschar.

Namen durch die des Paares ersetzen

* * *

Hurra, heute ist es so weit!
Seid ihr alle zur Feier bereit?
Elke und Uschi, die trauen sich,
dieses begehen wir feierlich!

MIT EINER KARTE GRATULIEREN

Fünfundzwanzig Jahre Eheleben,
fest vereint in Glück und Leid,
immer nur das Beste gegeben –
das ist keine Kleinigkeit.

Für die zukünftigen Zeiten
sei beschert euch Gutes nur.
Glück soll weiter euch begleiten
bis zur letzten Inventur.

Zwar zählt ihr nicht zu den Alten,
doch sollt ihr heute Rückschau halten.
Euer Leben war nicht immer leicht,
und dennoch habt ihr viel erreicht.

Ihr zeigt uns, dass der Liebe Kraft,
wenn es drauf ankommt, Großes schafft.
Drum wird heute alles überschaut,
was ihr geschafft und aufgebaut.

Seid stolz! Ihr könnt's mit Fug und Recht,
was ihr erreicht, das ist nicht schlecht!
Was ihr in guter Zweisamkeit
vollbracht, das würdigen wir heut.

* * *

Wenn das nicht ein Grund zum Feiern ist,
das schafft man wohl nur als Idealist.
25 Jahre Gemeinsamkeit –
das ist eine halbe Ewigkeit.

Eure Ehe ist allen ein gutes Zeichen,
man muss nicht bei jeder Kleinigkeit weichen.
Mit Liebe und mit gutem Willen
kann man jeden Ärger stillen.

Ihr seid nicht nur zwei liebe Leute,
sondern auch Vorbild für die Meute.
So soll es immer weitergehen,
bis wir uns beim 50. wieder sehen.

* * *

Eigentlich: Was ist dabei?
25 Jahre Ehe sind vorbei.
Doch in der heutigen Zeit ist das selten,
seit die Scheidungsgesetze gelten.

So lang miteinander auszuhalten
und nicht einfach bloß abzuschalten,
Verständnis aufbringen, im Streit nachgeben,
nicht nach dem Unerreichbaren streben.

Dies und mehr macht eure Ehe aus,
bringt Frieden und Harmonie in euer Haus.
Drum wünschen wir für alle Zeit,
dass eure Ehe euch niemals tut leid.

* * *

Heiraten und Kinder kriegen,
Häusle bau'n und Babys wiegen.
Arbeiten und Urlaub machen,
streiten, lieben oder lachen,

alles das gehört zum Leben,
das hat's auch bei euch gegeben.
In fünfundzwanzig Ehejahren
ist schon viel euch widerfahren.

Doch ihr habt trotzdem noch viel vor.
Mit Heiterkeit und mit Humor
schafft ihr auch die nächsten 25 Jahr,
bis wir euch feiern als goldenes Paar.

Kinder tragen vor

Ihr habt im Leben viel gemacht
und mit uns Kindern viel gelacht.
Ihr habt geschimpft und auch gelobt,
wenn wir gelernt haben oder getobt.

Ihr hattet immer ein offenes Ohr,
auch dann, wenn wir alle schrien im Chor,
behieltet stets den Überblick,
auch wenn es einmal kam sehr dick.

Dabei wart ihr immer beim Fußballspiel,
es wurde euch nie mit uns zu viel.
Ob Flötenunterricht oder Schach,
ihr wart für uns da – tausendfach!

Euch als Eltern zu haben ist toll.
Ihr macht nun 25 Ehejahre voll.
Wir hoffen, wir schaffen's und werden wie ihr,
denn auf dieses Ziel hin arbeiten wir.

Der Liebestaumel, das Liebesglück,
ach, wie liegt das weit zurück!
Dem Liebesfeuer folgte beständige Glut,
die immer glimmt und die wärmt gut.

Es blieben die gemeinsame Zuversicht,
die Treue, die man sich verspricht,
das Vertrauen, das euch beide bewegt,
die Kinder, die man hegt und pflegt,

das Wissen: Der andre steht für mich ein,
und niemals lässt er mich allein.
Der Gleichklang der Schritte - das macht es aus,
das glückliche Leben, das glückliche Haus.

Ihr beide habt alleine und zusammen viel erlebt
habt viel gemacht, nach Höherem gestrebt.
So war's, so wird's auch in Zukunft sein,
dazu wünschen wir Glück und recht viel Schwein.

25 Jahre Reifeprozess

Einen Hefeteig muss man mit Sorgfalt behandeln,
dann kann er gehen und Triebkraft entfalten.
Genauso muss es zwischen Eheleuten sein,
nur so bleibt man zusammen jahraus und jahrein.

Auch mancher Käse erst später gut schmeckt,
erst dann man die wahren Werte entdeckt.
Ist er auch würzig, hat silbrigen Schein,
erfreut er die Feinschmecker doch ungemein.

Mit der Ehe ist es wie mit dem Wein:
Nach längerem Lagern wird er erst fein.
Die Herstellung ist erst mit Mühe verbunden,
doch die Zeit hilft, geschmacklich ihn abzurunden.

So habt auch ihr den Reifeprozess überstanden,
und eure Liebe ist immer noch vorhanden.
Mögen euch nochmals 25 Jahre beschieden sein,
in Eintracht und Glück und nicht allein.

Der Baumstamm

Namen durch die des Paares ersetzen

Lieber Heinz und liebe Regine, ihr beiden,
ihr wisst, wir können euch gut leiden.
Doch wissen wir auch, welch ein Jammer:
Von euch hat jeder einen Hammer.
Wir glauben auch, dass ihr gut wisst,
wie groß des anderen Hammer ist.

ein Sortiment Hämmer überreichen

Hier kommen Hämmer jetzt herein,
der eine groß, der andere klein.
Ein jeder soll 'nen Hammer fassen,
nur muss er zu dem des Partners passen.
So tauscht dann diese Hämmer aus
und sagt dem andern frei heraus:

das Paar soll diesen Satz wiederholen

»Trotz deinem Hammer lieb' ich dich.
Ich hoffe doch, du liebst auch mich.«

Doch seht, was kommt denn da herein?
Keine Truhe ist's und auch kein Schrein:
Es ist ein großer, dicker Stamm
mit vielen Nägeln – Mann, oh Mann!

ein Stück Baumstamm, möglichst mit Gestell; 25 Nägel sind nur mit der Spitze eingeschlagen

Ich verrate euch den Sinn:
25 Nägel stecken drin,
für jedes Jahr in eurer Ehe
einen Nagel ich hier sehe.

Ihr haut nun jeden einzeln rein.
Bleibt er grade, hattet ihr Schwein.
Wird er krumm, gab's viel Trara
in dem entsprechenden Ehejahr.

alle zählen laut mit

Wir werden alle laut mitzählen,
an Stimmung soll's dabei nicht fehlen.

So, das habt ihr jetzt vollbracht,
uns hat's allen Spaß gemacht.
Der Baumstamm sei euch, ihr sollt daran denken,
euch auch in Zukunft eure Liebe zu schenken.

Geschenkkorb

Namen durch die des Paares ersetzen

Dieser Korb, den ihr hier seht,
enthält viel Kram, nach dem ihr strebt.
Er soll euch helfen und begleiten
in allen Lebenslagen und Leiden.

ein Päckchen Aspirin überreichen

Zum ersten haben wir für euch
Tabletten gegen Schmerzen im Kopfbereich.
Denn schon in ganz jungen Jahren
konnte Andrea Feten nicht vertragen.
Und nach so manch durchzechter Nacht
sind beide erst spät aus der Trance erwacht.
Daran schuld waren Bier und Wein
und die Kinder frühstückten oft allein.

Wanderkarten überreichen

Weiterhin haben wir ans Wandern gedacht
und euch diese Karten mitgebracht.
Wir wissen, ihr macht Ausflüge gern,
mal in die Nähe, mal in die Fern.
Dabei kann es denn leicht passiern,
in fremder Gegend sich zu verirrn.
Mit Karte könnt ihr euch nicht verlaufen,
dann braucht ihr euch nicht die Haare zu raufen.

eine Flasche Doppelherz o.Ä. überreichen

Auch wollen wir, dass ihr beiden Alten
uns noch lange gesund bleibt erhalten.
Drum haben wir hier eine Stärkung fürs Herz,
und gleichzeitig hilft's gegen Altersschmerz.

zwei Überraschungseier überreichen

Auch Überraschendes soll zu kurz nicht kommen,
so haben wir uns vorgenommen.
Mit Spannung, Spiel und hoffentlich Spaß
genießt euer Leben und beißt nicht ins Gras.

Namen von Familienangehörigen oder Freunden einsetzen; Bier, Pralinen und Wein überreichen

Auch fürs leibliche Wohl ist gut gesorgt:
Das Bier hat uns Marcel geborgt,
die Pralinen kaufte Andrea ein,
und Michi besorgte die Flasche Wein.

richtiges Geschenk überreichen

Für dieses Gedicht haben lang wir geprobt,
drum werden wir hoffentlich sehr gelobt.
Nur eines woll'n wir zum Schluss noch zeigen:
unser Silberhochzeitsgeschenk für die beiden.

Der Traum vom Gummibaum

einen Ast in einen Blumentopf eingipsen und mit kleinen Gummibärenpäckchen behängen

Ich wünsche allen bei diesem Feste
Gesundheit, Freude und das Beste.
Besonders dem Jubiläumspaar Glück und Segen
und Gesundheit für euer restliches Leben.

Ich hab sehr lange nachgedacht,
wie man euch wohl 'ne Freude macht.
Ich dachte hin, ich dachte her,
doch was zu finden war sehr schwer.

Da sah ich nachts in meinem Traum
einen wunderschönen Gummibaum.
Gleich bin ich morgens losgelaufen,
wollte euch den schönsten kaufen.

Städtenamen aus der Umgebung einsetzen

Stuttgart war mein erstes Ziel,
die haben Bäume sonst recht viel.
Doch diesmal hatte ich kein Glück,
es gab kein einzig schönes Stück.

In viele Läden ging ich rein,
doch immer hieß es: »Leider nein!«
Nun dachte ich in meinem Sinn,
fahr einfach mal nach Esslingen hin.

Dort hieß es auch: »Bedaure sehr,
wir haben keinen solchen mehr.«
Es gab Forsythie, Azaleen,
auch Männertreu konnt' man da sehen.

Ich dachte immer an den Traum
vom wunderschönen Gummibaum.
Fast hätte ich schon ganz verzagt,
dann hab ich in Waiblingen noch gefragt.

Ich traf einen netten Gärtner an
und fand, das wär' der rechte Mann,
erzählte ihm dann meinen Traum
vom wunderschönen Gummibaum.

Der meinte: »Mach dir da keine Sorgen,
den Baum kann ich bestimmt besorgen!«
»Ich hab den schönsten Baum zu Haus,
der sieht besonders lieblich aus.«

Er ist auch wirklich pflegeleicht,
braucht wenig Wasser, wenig Zeit.
Ich war darüber hocherfreut,
hab das Suchen nicht bereut.

Im Gegenteil: War froh vor Glück
über so ein schönes Stück.
Direkt 'ne Wucht ist dieser Baum
viel schöner noch als der im Traum.

Hab ihn gekauft und hergebracht
und ihn euch zum Geschenk gemacht.
Der Gummibaum ist, so wie ihr,
schön anzusehen und eine Zier,

gut gewachsen und gebaut,
drum er euch recht ähnlich schaut.
Ihr müsst pflegen ihn und hegen,
dann gereicht er euch zum Segen,

kann fünfundzwanzig Jahre halten
und die goldene Hochzeit mitgestalten.
Pflegt eure Liebe wie diesen Baum,
dann ist er perfekt – mein Lieblingstraum.

Packt ihn vorsichtig nun aus
und stellt ihn auf in eurem Haus.
Denkt oft dann an meinen Traum
vom wunderschönen Gummibaum.

So vor fünfundzwanzig Jahren
standet ihr am Traualtar,
und der Zukunft Tage waren
euch und andern noch nicht klar.

Aber heut im Freundeskreise
schaut ihr zurück auf eure Reise,
für das Ziel, das nicht mehr Schein,
stehen Kind und Enkel ein.

Der Liebe Melodienschatz,
er wechselt wie im Fluge,
die Ehe bleibt im gleichen Satz,
ihr wird die Zeit zur Fuge.
Franz Grillparzer

Und war das Band, das euch verbunden,
gefühlvoll, warm und heilig rein,
so lasst die letzte eurer Stunden
wie eure erste heiter sein.
Johann Wolfgang von Goethe

Das ist die rechte Ehe,
wo zweie sind gemeint,
durch alles Glück und Wehezu
pilgern treu vereint:
Der eine Stab des andern
und liebe Last zugleich,
gemeinsam Rast und Wandern,
und Ziel das Himmelreich.
Emanuel Geibel

Vor nunmehr 25 Jahr'
tratet ihr vor den Traualtar.
Was eine Leistung, was ein Glück,
blickt ihr auf diese Jahre zurück!
Wenn ihr auf eure Kinder baut
und so in die Zukunft schaut,
mögen euch zur Seite steh'n
Liebe, Freude, Wohlergeh'n.

* * *

Kaum zu glauben: fünfundzwanzig Jahre!
Wir gratulieren herzlich dem Silberpaare.
Wie so schnell die Zeit im Glück vergeht,
wenn man mittendrin im Leben steht.
Immer sei euer Leben voller Lieder!
Bei der »Goldenen« sprechen wir uns wieder!

* * *

Heute ist ein Freudentag,
doch niemand es recht glauben mag.
25 Ehejahre Glück und Leid –
ihr seid die besten weit und breit.

* * *

25 Jahre – ein gutes Stück vom Leben
habt ihr euch gegenseitig gegeben.
Schenkt euch auch weiterhin Glück und Halt,
dann werdet ihr sicher zusammen steinalt.

* * *

Namen des Paares einsetzen

Vor 25 Jahren es mit Uwe und Regine begann,
die Zeit seitdem wie Sand durch die Finger rann.
So viele Höhen und Tiefen gemeinsam durchschritten –
wir für euch auch weiterhin Gottes Segen erbitten.

Hurra, hurra dem lieben Silberpaar,
ihr seid ein ganz besonderes Exemplar.
Fröhlich, schwungvoll und immer fit,
haltet ihr locker mit den Jungen mit.

* * *

Silbern schimmern schon die Haare
bei dem heutigen Jubelpaare.
Und doch lautet der ärztliche Befund:
»Alles in Ordnung bei diesem Ehebund.«

* * *

25 Jahre Ehestand,
findet man nicht oft im Land.
Deshalb wollen wir euch gratulieren
und euch dazu applaudieren.

KARTENGRÜSSE ZUM EHRENTAG

Wir gratulieren unserem Elternpaar,
um das sich mit Recht heut alles dreht
und das nun fünfzig lange Jahr'
gemeinsam durch das Leben geht.
Wir danken für Liebe, Sorge, Treue,
mit der ihr uns geleitet und geführt.
Und unser Wunsch soll sein, dass ihr aufs Neue
die Dankbarkeit in unseren Herzen spürt.
Bleibt stets gesund, bleibt zuversichtlich heiter,
und bleibt uns das, was ihr wart und seid.
Dann geht das Leben miteinander weiter
in schönster Freude und Verträglichkeit.

* * *

Ihr gehört wohl zu einer ganz anderen Art,
oder habt ihr nur an der Scheidung gespart?
Doch geizig seid ihr sicher nicht,
sondern eingebunden in die Pflicht.

Was man verspricht, das hält man auch,
das ist bei euch der Familien-Brauch.
Zuverlässig, ordentlich,
ehrlich, treu, nicht zimperlich.

So habt ihr die 50 Jahre gemeistert.
Familie und Freunde sind begeistert.
So wünschen wir euch weiterhin viel Glück,
Gesundheit und von allem Guten ein Stück.

Dies ist ein Tag, so wunderschön,
da wir ein Paar in Gold heut sehn.
Jetzt wird mal kurze Rast gemacht
und Vergangenes überdacht.

Heut wird mal alles überschaut,
was ihr angeschafft und aufgebaut.
So viel gelang in eurem Leben,
drum könnt ihr euch zufrieden geben.

Denn eine Leistung ist's gewiss,
wenn man so lang beisammen ist:
Ihr wisst genau: Die Harmonie
funktioniert nicht nur in der Theorie.

Ihr wisst: Sind Freude und Glück auch rar,
man ist trotzdem füreinander da.
Mit Liebe, Treue, Schutz und Kraft
man diese lange Zeit auch schafft.

Und heute ist es gut zu sehen:
wie ihr sollte ein Paar stets zusammenstehen.
Wir wünschen euch noch viele Sonnentage,
Gesundheit und Freud' viele weitere Jahre.

ZU EINEM AUSSERGEWÖHNLICHEN EREIGNIS

Gefahrvoll ist des Lebens Fahrt,
nicht Angst noch Müh bleibt uns erspart.
Drum lob ich mir den tücht'gen Mann,
dem man sich anvertrauen kann,
dem Berg- und Talfahrt gut gelingt,
der jede Kurve wohl bezwingt,
der die Signale all beachtet,
der Tag und Nacht nur danach trachtet,
zu fahren auf dem rechten Gleis.
Wohl dem, der solchen Führer weiß.

Ein halbes Jahrhundert ist es heut,
da stand ein blanker Zug bereit.
Der junge Mann im Führerstand,
gab einer jungen Frau die Hand.
Er sprach: »Steig du nur ein, mein Schatz,
an meiner Seite ist dein Platz.
Ich bin bei dir und du bei mir,
in Gottes Namen fahren wir.«
Die Myrte baut ein grünes Tor,
wie liegt das Leben bunt davor.
Und über sich des Himmels Sterne,
dampft froh das Züglein in die Ferne.

Nicht immer zeigt, voll Glück und Licht,
die Welt ein Sonntagsangesicht!
Nicht immer war der Himmel blau,
ach, manchmal war er trüb und grau.
Wie kalter Nebel, schwer und leise,
fällt Sorge auf die Lebensreise.
Das Züglein aber dampft voran,
nicht ficht es Sturm noch Kälte an.

Wie schnell doch Jahr um Jahr vergeht,
es schneit, es blüht, und nichts besteht
als Gottes Liebe nur allein.
Die Myrte strahlt im Silberschein.
Der Onkel fragt die Tante leise:
»Währt schon so lange unsere Reise?
Schon ganze fünfundzwanzig Jahr?
Doch glänzt auch Silber uns im Haar
und pochet unserer Herzen Schlag
so schnell nicht wie am Hochzeitstag,
wir brauchen noch nicht auszuruhn.
Lass uns die Reise weitertun!«
Und Tante nickt: »Ich bin bei dir,
in Gottes Namen fahren wir.«

Das Züglein rollt durch Krieg und Sorgen,
durch Winternacht und Frühlingsmorgen.
Es trägt manch Kummers hart Gewicht,
doch seine Achsen brechen nicht.
Gott half dereinst sie selber bauen,
und ihre Stärke heißt Vertrauen.
Durch manche Schluchten, viel gewunden,
hat's Züglein seinen Weg gefunden.

Heut setzt der Herrgott euch zum Lohne,
aufs Haupt die goldne Myrtenkrone.
Ach, könnten wir euch alles schenken,
was Menschen wünschend sich erdenken.
Ach, könnten wir so ganz umgeben
mit Freude euer liebes Leben.
Stets könnte unser Dank nur klein
für eure große Güte sein.
Gott segne eure Weiterreise
auf goldumschimmertem Geleise
durch ruhevolle, sonnenklare,
freuderfüllte Lebensjahre.

Die Preisverleihung

Aus Monaco gibt's 'nen Preis für Clownerie,
denn an Witz und Humor mangelte es euch nie.

zwei rote Pappnasen überreichen

In München steht für euch der Bambi bereit,
weil ihr die beste und tollste Besetzung seid.

Reh aus Kunststoff überreichen

Aus Montreux kommt die goldene Rose,
das ging jedoch fast in die Hose:
Auch die Queen aus England wollte sie haben,
doch die Juroren euch den Vorzug gaben.

eine mit Goldlack besprühte echte oder künstliche Rose überreichen

War euer Weg auch manchmal steinig,
sind sich doch die Franzosen einig,
dass ihr den César sollt bekommen
und euch in eurem Preis könnt sonnen.

eine Packung Cesar-Hundefutter, mit roter Schleife dekoriert, überreichen

Italien ist ganz von euch verzückt,
weshalb ihr den goldenen Löwen kriegt.

eine Flasche Löwenbräu überreichen

Und die deutsche Hauptstadt Berlin
schickt den Goldenen Bären zu euch hin.

eine Tüte Haribo Goldbären überreichen

In Cannes an der Côte d'Azur
war die ganze Jury dafür,
euch die Goldene Palme zu verleihen,
damit ihr euch dran könnt erfreuen.

eine Palme, den Stamm mit Goldpapier umwickelt, überreichen

Doch den höchsten aller Preise
überreich ich still und leise.
Für euer Lebenswerk gedacht
ist die Figur, aus Gold gemacht.

eine aus Draht, Schrauben, Metallresten usw. gestaltete, mit Gold-Sprühlack besprühte Fantasie-Figur überreichen

Was kann das sein? Das ist doch klar:
Es ist der Hollywood-Oscar,
die höchste Auszeichnung der Welt,
die nur das beste Paar erhält.

Jetzt habt ihr ganz schwer abgeräumt,
das hättet ihr euch nicht erträumt.
Und von mir gibt's ganz zum Schluss
'nen Händedruck und einen Kuss.

Staatstragendes Fest

einen Orden basteln mit Band oder gleiche Geldmünzen zu der Zahl 50 anordnen, mit Heißklebepistole aufkleben und in einem Bilderrahmen überreichen

Der deutsche Bundespräsident
hat dies Ereignis nicht verpennt:
Zu eurem 50. Hochzeitstag
er euch gratulieren mag.

Die Bundeskanzlerin lässt euch sagen:
»Was selten ist in diesen Tagen –
50 Jahre habt ihr zusammen verbracht.
Ich wäre auch gern so lange an der Macht!«

Der Außenminister, auch gleich zur Stelle,
grüßt euch beim Zwischenstopp auf die Schnelle.
Er wünscht sich genau so viel Geschick in der Diplomatie.
Ihr habt dafür seine volle Sympathie.

Der Finanzminister seine Abwesenheit bedauert
und mitfühlend euch schon betrauert:
Ein solches Fest, was mag das nur kosten?
Erholt euch davon und bleibt auf dem Posten!

Der Innenminister, ganz gescheit,
ist besorgt um eure Sicherheit.
Doch muss er sich um euch nicht sorgen:
Ihr müsst ja das Geld für das Fest erst noch borgen!

Der Justizminister, ein feiner Mann,
kam gleich mit den Gesetzen an!
50 Jahre, ist das denn erlaubt?
Wir haben's erklärt, da hat er's geglaubt.

Die Sozialministerin kam zu dem Schluss,
dass ich euch von ihr ein Geschenk geben muss!
Ihr habt Kinder und Enkel – das findet sie Klasse,
denn das bringt Geld in die Rentenkasse!

50 Jahre Liebe und Zusammenhalt,
das lässt auch Politiker nicht kalt.
Deshalb lassen sie trotz klammen Kassen was springen
und ich soll euch diesen Orden/diese Urkunde bringen.

Ein Füllhorn voller Gold

50 Jahre Ehe ist auf jeden Fall
selten wie das goldene Edelmetall.
Eure Ehe lief harmonisch, gut und hold,
drum woll'n wir euch schenken pures Gold.

Blaues Gold, das braucht ihr täglich,
denn ohne Wasser ist es unerträglich.
eine Flasche Mineralwasser überreichen

Weißes Gold gehört ins Essen,
doch dürft ihr es nicht zu reichlich bemessen.
ein Päckchen Salz überreichen

Rotes Gold – es mundet euch fein –
ist weithin bekannt als edler Wein.
eine Flasche Rotwein überreichen

Schwarzes Gold, das braucht man häufig,
als Öl ist es euch wohl eher geläufig.
eine Flasche Öl überreichen

Flüssiggold in guten und schlechten Tagen,
doch nur wenig kann man davon vertragen.
eine Flasche Whisky überreichen

Ackergold darf natürlich nicht fehlen,
doch erst müsst ihr es kochen oder schälen.
ein Päckchen Kartoffeln überreichen

Mit Meeresgold sind gemeint die Korallen,
das wird besonders der goldenen Braut gefallen.
etwas aus Korallen überreichen

Gold des Nordens, auch Bernstein genannt,
haben schon Steinzeitmenschen gekannt.
etwas aus Bernstein überreichen

Nun sind wir Pleite, wir haben nichts mehr,
doch kommen wir zur Diamantenen wieder her.

Geschenkkorb

Sie bringen einen Korb oder eine Kiste mit folgendem Inhalt:
- eine Flasche Sekt
- zwei Sektgläser, eines mit einer goldenen Fünf, das andere mit einer goldenen Null beklebt
- ein Tablett
- ein Päckchen Kekse
- eine Packung Seelachs
- eine goldfarbene Dose Hausmacherwurst
- getrocknete Rosenblätter
- goldene Badeperlen
- eine Packung Entspannungstee
- eine Flasche Cognac
- eine goldene Kerze
- eine Flasche klarer Apfelsaft
- zwei Bücher
Die Dinge werden von Ihnen oder einem Helfer überreicht.

Es ist beim 50. Hochzeitstag der Brauch:
man gratuliert und trinkt dann auch.
Um an diesen Tag später zu denken,
woll'n wir euch 'ne Flasche Schampus schenken,
dazu zwei Gläser, besonders fein,
denn niemand trinkt gern den Sekt allein.
Damit ihr ihn stilvoll könnt servieren,
noch ein schönes Tablett zum Zelebrieren.

Dazu gibt es noch was zu naschen,
wir wollten euch damit überraschen.
Doch damit ist es noch nicht zu Ende,
hier eine weitere Essensspende:

Seelachs aus dem nördlichen Meer,
der schmeckt euch doch sicher sehr.
Außerdem eine goldene Dose –
Hausmacherwurst gibt es nicht lose!

Ist bei euch mal raus die Luft,
hier ein paar Rosenblätter für den Duft.
Die streut ihr euch auf euer Bett –
auf Rosen gebettet, das ist doch nett.

In eurem Alter legt man Wert
auf Badespass, ganz unbeschwert:
ein paar goldene Perlen in die Wanne,
dazu vielleicht etwas Tee aus der Kanne.

Wenn es darf etwas Stärkeres sein,
schenkt euch goldenen Cognac ein.
Eine goldene Kerze scheine dazu,
dann werdet ihr wieder jung im Nu.

Lässt dann langsam nach die Kraft,
hilft eine Flasche Apfelsaft.
Dann braucht ihr keine Libido,
auch ohne die seid ihr rundum froh.

Und zur Erbauung eurer Seelen
darf ein Buchgeschenk nicht fehlen.
Hier habt ihr Wellness pur gebucht,
denn zur Entspannung ist das Buch ausgesucht.

Wir hoffen bei allen diesen Gaben,
dass wir euren Geschmack getroffen haben.
Um eure Zukunft ist uns nicht bang,
seid weiter glücklich und lebt recht lang.

Fünfziger Allerlei

jeweils fünfzig Teelichter, Servietten, Brillenputztücher, Kukident-Tabletten, Vitamin-Brausetabletten, Wattestäbchen, Samenkörner, Blumen und einen Tank-Gutschein überreichen

50 Jahre seid ihr schon vereint,
eine tolle Leistung, wie jedermann meint.

Diese Tatsache wird von allen geehrt
und ist deshalb eine Belohnung wert.

50 Wattestäbchen für besseres Lauschen,
damit die Musik euer Ohr kann berauschen.

50 Servietten, ein ganzer Haufen,
die könnt ihr immer wieder gebrauchen.

50 Brillenputztücher klären den Blick,
so bekommt eure Optik keinen Knick.

50 Kukident-Tabletten fürs bessere Beißen,
damit ihr auch weiter könnt Steaks zerreißen.

50 Brausetabletten mit Vitaminen
werden in schlaffen Zeiten euch dienen.

50 Teelichter soll'n euren Haushalt ergänzen
und auf Tischen, Bänken, Regalen glänzen.

50 Samenkörner für den eigenen Garten,
wir können die Blütenpracht kaum erwarten.

50 Blumen, eine pro Jahr,
für das goldene Hochzeitspaar.

50-Euro-Gutschein für 'nen vollen Tank,
für alles, was ihr uns getan habt, zum Dank.

So gerüstet, das ist doch ganz klar,
feiert die Diamantene ihr in zehn Jahr'.

Reisegutschein

Zuverlässig und bodenständig ist euer Motto,
das ist heute wie ein Sechser im Lotto.
Nur wenige erreichen den 50. Hochzeitstag,
was wohl an euer beider Ausdauer lag.

Ihr habt geschuftet und gespart,
das war so eure eigene Art.
Uns Kinder habt ihr aufgezogen,
dafür habt ihr euch krumm gebogen.

In den Urlaub ging es nie weit,
dafür tat euch das Geld zu leid.
Deshalb möchten wir euch heute
schicken unter viele Leute,

dahin, wohin ihr schon immer mal wolltet.
Ihr deshalb schon mal packen solltet.
Wir wünschen euch eine schöne Reise,
genießt sie auf eure eigene Weise.

Lasst eure Seele einmal richtig hängen
und euch zu gar nichts weiter drängen.
Ihr sollt den gemeinsamen Urlaub genießen!
Hier ist der Gutschein. Nun wollen wir schließen.

ENKELKINDER GRATULIEREN

Ihr habt mich zum Fest geladen ein,
und ich bin glücklich, hier zu sein.
Hier ist ein riesentoller Betrieb,
zu dem ich euch gratuliere ganz lieb.

50 Jahre sind eine unvorstellbare Zeit,
ich gehöre ja noch zu den jungen Leut'.
Ich wünsche euch das Allerbeste
zu diesem tollen Ehe-Feste.

* * *

Ich kenne euch ja noch nicht lang,
doch war mir's nie im Leben bang,
denn ihr wart immer für mich da
als Großmama und Großpapa.

* * *

Ein Geschenk habe ich nicht mitgebracht,
aber ich habe an euer Fest gedacht.
Noch nie sah ich so eine glückliche Braut,
guckt nur, wie feierlich sie schaut.

Auch Opa ist wie aus dem Ei gepellt,
der Raum sich hier dadurch richtig erhellt.
Ihr seid ein wirklich hübsches Paar,
mit eurem schönen, silbernen Haar.

Mein Opa ist dafür bekannt,
dass er stets sehr elegant.
Und auch Oma, wie ihr wisst,
immer schick gekleidet ist.

Ihr beide seid ein schmuckes Paar,
grad so wie damals vorm Altar.
Dass ihr schon so lange verheiratet seid,
hätte niemand vermutet weit und breit.

Wenn ich mal groß bin, werde ich,
so wie ihr beiden, hoffentlich
glücklich und zufrieden sein,
deshalb packt das Glück schon mal für mich ein.

DICHTERWORTE ZUM FEST

Golden, silbern, eisern, ehern
nennt die Alter man der Welt,
und zum Mindern von dem Höhern
schreitet fort sie, wird erzählt.

Doch der Mensch in unsern Tagen
sieht die Alter sich verkehrt:
Jugend, die schon Sorgen plagen,
zeigt nur eisern ihren Wert.

Erzgewappnet geht das Leben,
selbst die Liebe wird zum Streit,
und dem stets erneuten Streben
liegt der Ruhe Glück so weit.

Erst nach durchgekämpften Jahren
lacht das Schicksal wieder hold,
und mit Silber in den Haaren
wird die Zeit, die Ehe – Gold.
Franz Grillparzer

Andenken an das Gute
halt uns immer frisch bei Mute.
Andenken an das Schöne
ist das Heil der Erdensöhne.
Andenken an das Liebe,
glücklich, wenn's lebendig bliebe.
Andenken an das Eine
bleibt das Beste, was ich meine.
Johann Wolfgang von Goethe

Die Liebe, wenn sie neu,
braust wie ein junger Wein:
Je mehr sie alt und klar,
je stiller wird sie sein.
Angelus Silesius

DIE GANZE WELT SOLL ES WISSEN – ZEITUNGSANZEIGEN

Wenn zwei so lange sich verstehen
und ihren Weg gemeinsam gehen,
dann muss man einfach applaudieren
und euch zum 50. Hochzeitstag gratulieren.

* * *

Heute steht ihr in diesem Blatt,
weil ihr goldene Hochzeit habt.
Dazu gratulieren wir
und stehn bald mit Blumen vor der Tür.

* * *

50 Jahre sind es wert,
dass man euch besonders ehrt.
Drum wollen wir euch heute sagen:
Es ist so schön, dass wir euch haben.

Was sind denn 50 Jahre?
Nur eine kurze Zeit!
Schon gar, wenn wir sie messen
an der Ewigkeit!
Und doch sind 50 Jahre viel,
wenn man es recht bedenkt.
Es seien noch sehr viele Jahre
gemeinsam euch geschenkt.

* * *

50 Jahre – goldene Zeiten.
Viel Freude und viel streiten.
Doch die Liebe, Kraft und Energie,
gab euch die lebenslange Garantie.

* * *

Zwei liebe Menschen haben es geschafft,
50 Ehejahre zusammen – einfach fabelhaft.
Wir wünschen euch weiterhin ganz viel Glück
und dass ihr schaut auf viele schöne Jahre zurück.

Ingrid Gottstein / Ingeborg Düffert

Vortragstexte für die Hochzeit

Glückwunschverse zur Hochzeit

Doppelband

Weltbild

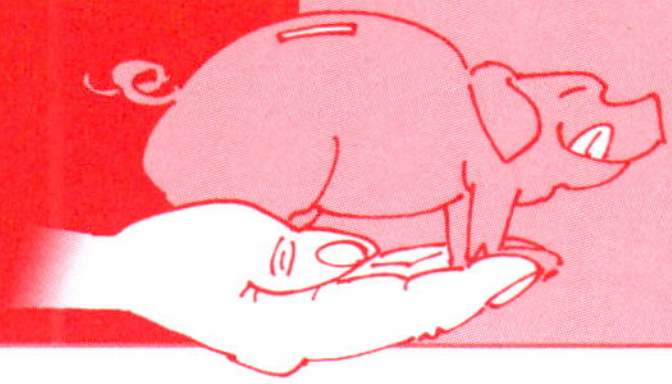

INHALTSVERZEICHNIS

HOCHZEIT

SILBERNE HOCHZEIT

GOLDENE HOCHZEIT

UNTERHALTSAMES ZUM THEMA ...

VORWORT

Liebe Leser,

vor Ihnen liegt ein Buch mit vielen Vorschlägen, ein Hochzeitsfest mit Vorträgen zu umrahmen. Die Vorträge werden zur Freude des Brautpaares und der ganzen Hochzeitsgesellschaft von Familienmitgliedern, Freunden, Nachbarn oder Kindern gehalten.

Sie müssen die Texte nicht auswendig vortragen, Sie können sie auch vorlesen. Je mehr Sie die Gäste zum Mitmachen auffordern, desto besser wird die Stimmung sein.

Dieses Buch ist nicht nur ein Vortragsbuch, sondern auch eine heitere Lektüre, wenn Sie einmal Gäste bei anderen Anlässen unterhalten möchten.

Die Hochzeit ist wohl der wichtigste Anlass für ein schönes Familienfest – eine Gelegenheit, die ganze Familie fröhlich beisammen zu sehen. Bei der Ausgestaltung sind meistens die Familie, Freunde, Nachbarn usw. beteiligt. Viele möchten auch gerne etwas vortragen. Und das ist gerade der Reiz eines solchen Festes.

Da ich selbst eine große Familie habe (vier Kinder, elf Enkel und neunzehn Urenkel), war es immer eine Freude und schöne Aufgabe für mich, bei der Wahl der Vorträge zu helfen. Meine Texte kamen immer gut an. Ich wünsche Ihnen ebenso viel Freude und Erfolg!

Ingeborg Düffert

DEM JUNGEN PAARE

Wir sehen vor uns ein junges Paar
mit strahlendem Lächeln und Augen so klar!
Das Glück ist ihnen anzusehen,
denn heute, ja, da ist's geschehen,
sie haben sich als Paar vereint,
aus großer Liebe, wie es scheint.
Für sie war es Liebe auf den ersten Blick,
als sie sich sahen, machte es »klick«.
Vor Liebe waren sie ganz von Sinnen,
plötzlich gab es kein Entrinnen.
Nach kurzer Zeit schon war ihnen klar:
Wir beide sind und bleiben ein Paar.
Und dann ist es auch bald geschehen:
Man sah zum Standesamt sie gehen,
um das Jawort zu unterschreiben,
denn schließlich woll'n sie zusammenbleiben.
Schnell gefasst war der Entschluss
und besiegelt mit einem Kuss.
Noch sind sie vor Liebe etwas benommen,
doch in Stimmung werden sie bald kommen.
Fangen wir doch gleich einmal an:
Ein Hoch auf die Liebe, auf die Braut und ihr'n Mann.

* * *

Seid einander Kamerad,
Freund und Wegbereiter –
seid euch Stütze, seid euch Stab,
allzeit gut Begleiter!
Tragt gemeinsam eure Last,
die sich gut lässt teilen.
Haltet stets gemeinsam Rast,
wenn ihr müsst verweilen.
Teilt das Glück ihr und die Not,
ist's ein leichtes Gehen,
müsst getreu bis in den Tod
nur zusammenstehen!

Edler Bräutigam! Schöne Braut!
Heute wurdet ihr getraut.
Drum, ihr Hochbeglückten beide,
überlasst euch ganz der Freude.
Das Gefühl,
an dem Ziel
sich zu seh'n, gibt Seligkeit.

Wandelt dann mit frohem Sinn
durch die Welt auf Rosen hin.
Macht den Himmel eurer Liebe
je ein kleines Wölkchen trübe,
seht euch an,
küsst euch dann –
und das Wölkchen wird entflieh'n!

Eure Liebe welke nie,
wie der Efeu grüne sie;
oh, sie schenkt euch, treue beide,
noch im Greisenalter Freude.
Immer sei
Lieb und Treu
eures Lebens Führerin.

Treue, Lieb und Häuslichkeit,
oh, wer diesen ganz sich weiht,
nie zu hoch die Wünsche spannt,
Eitelkeit und Stolz verbannt,
fühlet doch
Freuden noch
da, wo andere trostlos sind.

* * *

Zwei Menschen, die sich finden
und aneinander binden,
wenn sie sich Treue schwören,
dem andern ganz gehören,
dann ist es wunderbar
und Liebe ganz und gar.

Wir grüßen dich, du junges Paar,
das heute vor dem Traualtar
die Hand zum Bunde sich gegeben.
Es mögen Glück und Sonnenschein
euch treue Wegbegleiter sein
auf eurem Gang durchs Eheleben.

Wir wünschen euch zu jeder Zeit
ein Leben ohne Zank und Streit,
viel Freude euch an allen Enden.
Und kommt doch mal ein Regentag,
Gewitter, Sturm und Hagelschlag,
dann haltet fest euch an den Händen.

* * *

Wir gratulieren von ganzem Herzen
euch heut zu eurem Hochzeitstag
und wünschen euch Friede, Glück und Segen,
dass eure Liebe Früchte trag.

Zwei Menschen haben sich gefunden,
verbunden sich für alle Zeit,
sie woll'n des Alltags Sorgen tragen
in Liebe und Beharrlichkeit.

Wenn so zwei junge Menschenherzen
in Treu vereint durchs Leben geh'n,
dann werden sie im Lebenskampfe
das Schicksal meistern und besteh'n.

Der schönste Tag in eurem Leben,
er mag für euch der heut'ge sein,
und euer Wunsch mög' sich erfüllen:
Ein trautes Heim mit Sonnenschein.

Drum wünschen wir euch alles Gute
auch für die Zukunft. Wo ihr seid,
mög' euch der Herrgott stets beschützen,
vor Kummer, Not und allem Leid.

* * *

Ihr seid ein frisch getrautes Paar,
das Glück sieht man euch an, fürwahr.
Für euch beginnt ein neues Leben,
da wird es manche Wünsche geben,
nicht immer nur so Alltagssachen,
sondern einfache Dinge, die Freude machen:
ein liebes Wort so dann und wann,
ein Sonnenstrahl, der wärmen kann,
ein zärtlich Streicheln, frohes Lachen,
ein leises Lied kann Freude machen,
ein Mensch, der dir von Liebe spricht,
das braucht ein jeder sicherlich,
und zwar noch mehr als alles Geld
und Gut in dieser kalten Welt.

* * *

Hallo, grüß Gott, ihr lieben Leute!
Herzlich begrüße ich euch heute
zur Hochzeit, dem schönsten aller Feste.
Seid uns willkommen, liebe Gäste.
Als (Vater, Mutter, Bruder, Schwester) freue ich mich sehr,
dass ihr uns alle gebt die Ehr'
und dass ihr alle seid erschienen
mit freundlichen und frohen Mienen.
Drum hoffe ich auch, es wird allen
bei der Hochzeit gut gefallen.
Nun komme ich gleich mit einer Bitte
an alle hier in unserer Mitte:
Helft mit guter Laune und fröhlichem Singen,
dass dieses Fest möge gut gelingen.
Lasst ertönen die schönen Lieder,
denn dieser Tag kehrt niemals wieder.
Erhebt nun euer Glas und stimmet ein:
Unser Brautpaar möge immer glücklich sein.

* * *

Die Hochzeitskerze

Ich wende mich an das Brautpaar heute,
an die zwei verliebten Leute,
und will einen Rat euch geben,
wie das nun einmal so ist im Leben.

Habt ihr im Leben einmal Streit,
so haltet diese Kerze bereit,
denn sie kann euch wieder die Liebe geben,
wie ihr sie heute empfindet, als Segen.

Wer von euch einen Streit entfacht,
den anderen einmal traurig macht,
der zünd' als Erster die Kerze an,
denn sie sagt: Verzeih – und warte dann.

Die Flamme soll brennen wie ein Fanal,
soll rufen: »Ich liebe dich, verdammt noch mal!«
Und ob du Frau bist oder Mann,
sieh dir die Kerze der Liebe an!

Und wenn die Kerze tut hellauf brennen,
die Tränen sich ändern in Freudentränen,
seid ihr der Liebe wieder gegeben,
wie das nun einmal so ist im Leben.

Ich wünsch' euch, ihr braucht sie nie zu verwenden,
und niemals möge eure Liebe enden.
Darauf will ich mein Glas erheben,
wie das nun einmal so ist im Leben.

* * *

Liebe Brautleut, ihr seid jetzt zu zweit,
da bringt das Leben besonders viel Freud,
wenn man alles positiv sieht
und sich immer redlich bemüht.
Denn mit Humor und mit Lachen
könnt ihr euch und andere fröhlich machen.
So heißt es ja: Lachen ist gesund.
Das hat auf alle Fälle einen Grund.
Vor euch liegt ein gemeinsames Leben,
das euch noch so viel Schönes wird geben.
Lasst nur immer die Sonne ins Herz
und schickt die Sorgen himmelwärts.
Denkt dran: Liebe, Vertrauen und Verstehn
machen erst die Ehe schön!
Darauf ein Prosit, stoßt alle mit an!
Es lebe die Braut und ihr lieber Mann!

* * *

der Bruder spricht

Ich gratuliere dir von ganzem Herzen,
macht's mir auch ein wenig Schmerzen,
dass du jetzt wirst unser Haus verlassen.
Ehrlich – ich kann es noch gar nicht fassen.
Aber wenn ich euch sehe als glückliches Paar,
verliebt und unzertrennlich, dann wird mir klar:
Das ist die große Liebe, das muss wohl so sein.
Jedes verliebte Ehepaar will gern sein allein.

Aber, liebe Schwester (lieber Bruder), ich hoffe sehr,
damit es mir nicht fällt ganz so schwer,
dass wir uns auch in Zukunft oft sehn.
Das wäre doch, so finde ich, schön.
Ich glaube, was wir als Kinder ausgefressen,
das haben wir noch längst nicht vergessen.
Also hoffe ich sehr, dass du allezeit
zum Quatschen oder Spielen bist bereit.
Doch nun, liebe Schwester (lieber Bruder), mach's gut.
Denk daran, was auch jeder tut:
Kommt einer einmal im Leben nicht klar,
wir sind immer für einander da!

* * *

ein Elternteil spricht

Liebe ..., lieber ..., noch seid ihr allein,
doch werdet ihr erst ein Elternpaar sein,
denkt immer daran, was auch geschehe:
Kinder sind das größte Glück einer Ehe.
Wir wünschen euch von Herzen dieses Glück.
Schaut darum auch nie zurück,
in die Zukunft müsst ihr schauen
und euch eine Familie aufbauen.
Wir alle freuen uns, wenn es bald würde wahr,
dass ihr seid ein glückliches Elternpaar.

* * *

mit einem größeren Sparschwein, das anschließend herumgereicht wird

Seh ich mir dieses Glücksschwein an,
wäre es schön, wenn es dann
von Hand zu Hand würde gehen.
Ihr könnt mit Futter es versehen,
denn wir wollen nicht vergessen:
Ein so großes Schwein braucht viel zu fressen.
Ist es satt, dann werdet ihr sehn:
Das Schweinchen grunzt sein Dankeschön.
Den Inhalt nehmt für die Hochzeitsreise
oder freut euch dran auf eure Weise.

* * *

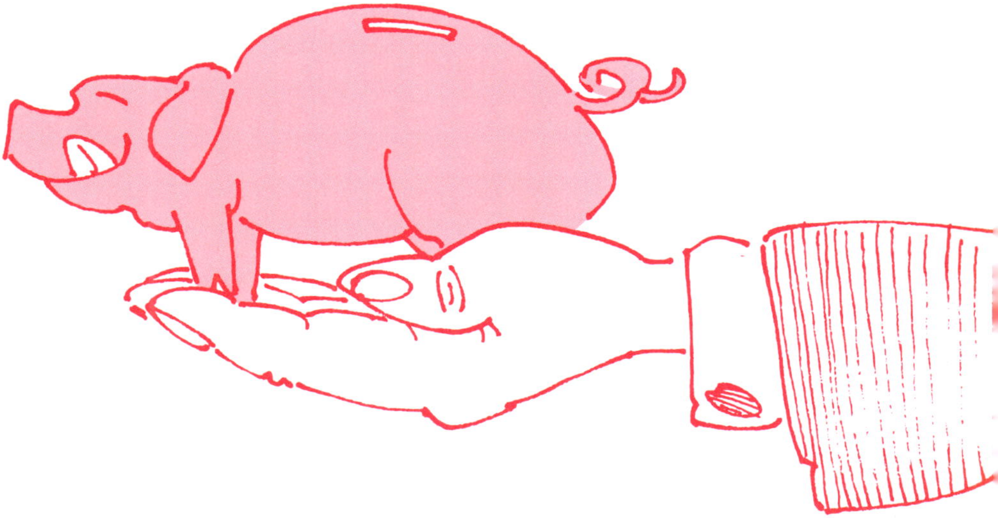

Als Vater (Mutter) möchte ich euch einiges auf den Weg mitgeben,
denn für euch beginnt jetzt ein neues Leben.
Vor vielen Jahren ist es mir genauso ergangen.
Ich wusste erst nichts mit der Ehe anzufangen.
Aber wir liebten uns sehr, und das war wichtig.
Der Anfang war schwer, doch dann lief alles richtig.
Die größte Freude war, als du kamst zur Welt,
auch wenn zunächst knapp war das Geld.
Wir haben gelernt uns einzurichten,
mussten zunächst auch auf manches verzichten,
konnten abends nicht mehr ausgehn,
doch hatten wir uns – und das war schön.
Drum möchte ich heute hier gestehen:
Mit Liebe im Herzen kann gar nichts geschehen.
Und noch einen Rat möchte ich euch geben:
Macht etwas aus eurem Leben.
Seid friedlich miteinander und immer lieb,
damit es auch keinen Ärger gibt.

Ich hab euch einen Umschlag mitgebracht,
hoffe, dass der Inhalt euch Freude macht.
Kauft euch davon, was euch fehlt.
Ich hoffe, ihr reicht dann mit dem Geld.
Doch nun, liebe Gäste stoßen wir an
auf die … und ihren lieben Mann.
Ich wünsche von Herzen: Seid glücklich und froh
wie der Mops im Paletot.
Wenn ihr euch ein Küsschen habt gegeben,
sollt ihr beiden hochleben.
Dreimal hoch, hoch, hoch!

* * *

eine alte Dame

Schön, dass eine Hochzeit Alt und Jung verbindet
und die ganze Familie sich zusammenfindet.
Ich möchte hier mal kurz übers Älterwerden reden,
damit ihr jungen Leut wisst, was euch noch blüht im Leben.
Ich habe mir dazu mal so meine Gedanken gemacht,
mich manchmal erst geärgert und dann darüber gelacht.
Also passt mal auf und spitzt jetzt euer Ohr,
und weil mir die Reime fehlen, trag ich's in Prosa vor.

Wie hat sich doch so manches im Laufe der Jahr geändert! Zum Beispiel fiel mir plötzlich auf, dass alles viel weiter entfernt ist als noch vor wenigen Jahren. Bis zur nächsten Straßenecke ist es sogar doppelt so weit. Ich habe es aufgegeben, zum Bus zu rennen, er fährt sowieso immer zu früh ab.

Die Treppenstufen sind heute höher als vor ein paar Jahren. Dafür werden die Buchstaben in Zeitschriften und Büchern immer kleiner gedruckt. Aber es hat keinen Sinn, jemanden zum Vorlesen zu bitten. Heute spricht jeder so leise, dass man kaum etwas verstehen kann.

Bei Kleidern und Röcken wird viel zu wenig Stoff verwendet, besonders um die Hüfte. Auch fallen die angegebenen Größen viel kleiner aus als früher. Sogar die Menschen verändern sich: Sie sind viel jünger, als wir in ihrem Alter waren. Andererseits sind Leute unseres Alters aber wesentlich älter als wir.

***

ein älterer Gast

Bei einer Hochzeit trifft sich Alt und Jung,
das gibt gerade allen den richtigen Schwung.
Seh ich hier vor mir das junge Paar,
dann wird mir noch mal richtig klar,
wie schön sie war, die erste große Liebe!
Ach, wenn das doch ewig so bliebe.
Im Alter darf man von den Erinnerungen zehren,
und die kann man uns niemals verwehren.
Doch auf keinen Fall ich neidisch bin.
Das hätte doch auch keinen Sinn.
Drum stoßt alle mal mit mir an:
Es lebe die Liebe zwischen Frau und Mann.

***

Gruß an die Gäste

Herzlich willkommen, ihr lieben Verwandten,
willkommen auch ihr Nachbarn und Bekannten.
Weil ihr die Einladung zur Hochzeit habt bekommen,
seid ihr alle gerne gekommen.
Nun sollt ihr alle bei leckerem Schmaus
euch wohl fühlen in diesem Haus.
Wir wollen vergnügt sein mit frohem Herzen,
wollen singen, lachen und scherzen.
Zuhören und Mitmachen, das ist Pflicht.
Übelnehmen gibt es nicht.
Also, liebe Gäste, seid gescheit,
seid vergnügt und nutzt die Zeit.
Bald ist vorbei die fröhliche Runde,
denn viel zu schnell kommt die Abschiedsstunde.

* * *

Liebes Brautpaar, liebe Gäste,
wir feiern das Schönste aller Feste.
Ein glückliches junges Ehepaar
gab sich vor dem Standesamt das Ja.
Vor … Jahren begegneten sich die beiden.
Auf den ersten Blick konnten sie sich leiden.
Sie waren total ineinander verliebt.
Ist es nicht schön, dass es so etwas gibt?
Drum stand von vornherein auch fest:
Bald feiern wir ein Verlobungsfest.
Nun ist auch die Verlobungszeit vorbei,
vor dem Standesamt (Traualtar) standen heut die zwei.
Wir feiern jetzt Hochzeit, Alt und Jung,
mit Musik und Liedern kommen wir in Schwung.
Stoßt alle an mit dem köstlichen Wein:
Möge das Fest für alle ein Erlebnis sein!
Dem Brautpaar wünschen wir für eine lange Zeit
viel Glück und Freud für ihre Zweisamkeit.
Auf dass ihr glücklich werdet als Frau und Mann,
heben wir die Gläser und stoßen an!

Zur Vermählung

O Liebe, die dies Paar verbindet,
gib, dass es stets das Glück empfindet,
womit du seine Treu belohnt!
Gib, dass bei langem Wohlergehen
die Anmut der zufriednen Ehen
in dieses Paares Ehe wohnt!

O Liebe, die dies Paar vermählet,
mach ihr Vergnügen täglich voll,
dass man von ihrem Glück erzählet,
wenn man was Großes nennen soll.
Lass sie der hohen Häuser Freude,
lass ihre Wohlfahrt ungemein,
und diese so verdiente beide
ein Bild vollkommener Ehe sein.

Die stärksten Zweifel sind gehoben.
Wer liebt, ist allemal zu loben;
wer liebt, kann stets zufrieden sein,
und ohn erst den Kaffee zu fragen,
kann ich, o Braut, es sicher wagen,
und tausend Glück dir prophezeihn.
Christian Fürchtegott Gellert

An die Eltern des Brautpaars

Bei jeder Hochzeit, wie ihr wisst,
der Mittelpunkt das Brautpaar ist.
Aber leider, das ist wahr,
vergisst man meist das Elternpaar.

Denn wären nicht Papa, Mama,
so wäre nie ein Brautpaar da.
Und darum sag ich klipp und klar:
Man schätze jedes Elternpaar.

Das Glück der Kinder fördern sie.
Die Mütter sorgen von spät bis früh.
Na, und die Väter, ach, oh weh –
die greifen tief ins Portemonnaie.

Drum sag ich euch, macht euch bereit:
Den Eltern sei dies Glas geweiht!
Wir nehmen unser Glas zur Hand
und geben unsern Dank bekannt.
Dazu ein jeder sich erhebt –
und weh dem, der am Stuhle klebt!

***

zur Hochzeit mit einem älteren Partner

Jung gefreit hat nie gereut,
so hieß es ja in früherer Zeit.
Doch kommt's aufs Alter gar nicht an,
wie man bei euch ja sehen kann.
Egal, welchen Partner man erwählt,
Hauptsache ist: die Liebe zählt!
Dann wird die Ehe wunderbar.
Wenn man sich liebt, ist alles klar.
Und wenn ihr euch gut versteht,
euer Leben schon in Ordnung geht.
Doch eine Gefahr muss ich euch nennen,
die jüngere Paare vielleicht nicht kennen:
Wenn der ältere öfter den Schlaumeier spielt,
ohne dass er dabei fühlt,
wie es dem Ehepartner missfällt,
wenn er dauernd wird auf die Probe gestellt,
dann könnte das bald in 'ne Krise münden.

Doch das fürchte ich nicht, drum lasst mich verkünden:
Bei euch wird so etwas nicht geschehen,
ihr werdet die Wege gemeinsam gehen,
dabei stets einander vertrauen
und frohgemut in die Zukunft schauen.
Wenn Glück und Gesundheit sind eure Begleiter,
bleibt euer Ehehimmel freundlich und heiter.
Das ist wichtiger als euer Altersunterschied.
Wer euch sieht, kriegt den sowieso nicht mit!

* * *

zur Hochzeit eines älteren Brautpaars

Ihr seid zwar nicht mehr ganz so jung,
doch jung genug, um mit viel Schwung
ehelich euch zu verbinden.
Darum will ich hier verkünden:
Die Entscheidung war sehr richtig,
denn ihr liebt euch, das ist wichtig!
Darum gibt es kein Zurück.
Von Herzen wünschen wir euch Glück,
und als Wunsch soll euch begleiten:
Gott sei mit euch für alle Zeiten.

* * *

zur Heirat in zweiter Ehe

Den Verlust eines Partners zu ertragen
und trotz allem nicht zu verzagen,
nicht in Trauer sich zu verschließen,
sondern das Leben wieder genießen:
So meistert ihr euer schweres Geschick,
denn heute erblüht euch neues Glück.
Ihr nahmt euer Schicksal geduldig hin,
doch alleine zu leben, das hat keinen Sinn.
Es können die Jahre euch so viel noch geben!
Denn ihr liebt euch und ihr liebt das Leben.
Seid also weiterhin glücklich zu zweit,
das wünschen wir euch für lange Zeit,
weiter Gesundheit, viel Sonnenschein,
das schließen wir in unsere Wünsche ein.

* * *

Eine zweite Ehe, ein zweites Glück
kann allemal auch wunderbar gehen.
Doch schaut man öfter, als gut ist, zurück,
dann kann es leider auch geschehen,
dass man mit der ersten Ehe vergleicht –
ganz schnell wird das Glück dann aufgeweicht.

Heute beginnt ihr neu, Seit' an Seit'.
Nehmt euch füreinander viel Zeit,
über alles, was euch bewegt, zu reden
und dabei gleichzeitig anzustreben,
dass Vertrauen und Liebe niemals fehlen.
Nichts anderes sollt' in der Ehe zählen.

Geht stets lieb miteinander um,
enttäuscht euch nicht, das wäre dumm,
dann wird diese Ehe euch gelingen.
Drum wünschen wir vor allen Dingen
Glück und Frieden dem lieben Paare
für viele, viele schöne Jahre!

***

für ein Paar, das bereits ein Kind hat

Ihr zieht in die Ehe bereits mit Kind,
eine Freude für alle, die mit euch hier sind.
Kinderlachen wird euren Weg begleiten.
Da habt ihr kaum Zeit, euch mal zu streiten.
In Harmonie findet ihr das große Glück,
und das sieht man in eurem verliebten Blick.
Als Familie werdet ihr zusammenleben.
Dazu möge Gott seinen Segen euch geben.
Wir alle wünschen euch darum heut
eine schöne, erfüllte gemeinsame Zeit.
Es soll euch drei immer gut ergehen –
das bleibe, auch wenn ihr mehr werdet, bestehen.

***

Von Patchwork-Familie spricht man heut,
wenn eine Mama und ein Papa sind bereit,
eine neue Ehe einzugehn.
Dass ihr das tut, das finden wir schön.
Ihr bringt eure Kinder mit in die Ehe,
das tut allen gut, wie ich hier sehe.
Keiner hat mehr die Erziehung alleine,
jetzt heißt's nur noch »unsre«, nicht »deine« und »meine«.
Es wird euch nie mehr langweilig sein,
und ihr sollt diesen Schritt auch niemals bereu'n.
Denn seid ihr zum Geben und Nehmen bereit,
dann werdet ihr haben eine schöne Zeit.
Zum Wohl trinken wir auf dieses Paar!
Ich finde es einfach wunderbar!

Glück-Wunschdenken

Wir wünschen euch Zeit –
die Zeit, die ihr braucht,
und die Zeit, die ihr habt;
die Zeit, die vergeht,
und die Zeit, die euch bleibt;
die Zeit für euch selber
und die Zeit zu zweit.

Wir wünschen euch Liebe –
die Liebe, die ihr gebt,
und die Liebe, die ihr bekommt;
die Liebe, die ihr fühlt,
und die Liebe, die ihr wollt;
die Liebe des Anfangs
und die Liebe des Endes.

Wir wünschen euch Streit –
den Streit, der euch fordert,
und den Streit, der euch fördert,
den Streit, der euch enttäuscht,
und den Streit, der euch aufklärt,
den Streit um Nähe
und den Streit um Distanz.

Wir wünschen euch Glauben –
den Glauben an euch selbst
und den Glauben an den anderen;
den Glauben, der euch Mut macht,
und den Glauben, der euch tröstet;
den Glauben an die Zukunft
und den Glauben an Gott.

Wir wünschen euch Freiheit –
die Freiheit, die euch entfesselt,
und die Freiheit, die euch bindet;
die Freiheit, die euch ablöst,
und die Freiheit, die euch erlöst;
die Freiheit zum Ich
und die Freiheit zum Du.

Wir wünschen euch Freude –
die Freude, die euch versetzt,
und die Freude, die sitzen bleibt;
die Freude, die ihr euch macht,
und die Freude, die euch gemacht wird;
die Freude aneinander
und die Freude am Leben.

Wir wünschen euch Zärtlichkeit –
die Zärtlichkeit, die euch aufwärmt,
und die Zärtlichkeit, die euch warm hält;
die Zärtlichkeit, die euch einfängt,
und die Zärtlichkeit, die euch auffängt;
die Zärtlichkeit des Spiels
und die Zärtlichkeit des Ernstfalls.

Wir wünschen euch Freunde –
die Freunde, die ihr mögt,
und die Freunde, die euch mögen;
die Freunde, die ihr braucht,
und die Freunde, die euch brauchen;
die Freunde von früher
und die Freunde von später –
und wir wünschen uns:
eure Freunde zu sein.
Conrad M. Siegers

Für Ehemänner

Ein gutes Weib, dies merke fein,
will mit Vernunft behandelt sein.
Geh ihm liebkosend um den Bart,
nur: Schmeichle nicht nach Katzenart!
Macht irgendwas den Kopf dir kraus,
so lass es nicht am Weibchen aus!
Verlang nicht alles zu genau!
Du fehlst – warum nicht auch die Frau?
Wenn's Weibchen dich um Geld anspricht
und bedarf's, so knurre nicht!
Im Aufwand schränke zwar dich ein,
doch musst auch kein Knauser sein.
Geh nicht zum Trunk und Spielen aus,
hast Zeitvertreib genug zu Haus.

Für Ehefrauen

Dein Wille, Weibchen, merk es fein,
muss stets des Mannes Wille sein.
Sprich nicht: Wir Weiber sind zu schwach!
Der Schwäch're gibt am leicht'sten nach.
Ein freundlich Wort zur rechten Zeit
hat manchen Unmut oft zerstreut.
Ein Händedruck, ein Kuss, ein Blick
bringt frohe Laune oft zurück.
Auf Klatschereien höre nie,
denn nichts als Eh'zwist stiften sie.
Dein Zimmer, Putz und ganzes Haus
seh allzeit nett und reinlich aus.
Gibt Gott dir Kinder, liebe sie,
allein, verzärtele sie nie!

* * *

Die meisten Differenzen in der Ehe beginnen damit, dass die Frau zu viel redet und der Mann zu wenig zuhört.

* * *

Heiraten heißt, die Rechte halbieren und die Pflichten verdoppeln.

* * *

Ein guter Ehemann ist der, der jedes Wort versteht, das seine Frau nicht gesagt hat.

* * *

Erfahrene Ehemänner behaupten: Frauen vereinfachen unsere Schmerzen, verdoppeln unsere Freuden und verdreifachen unsere Ausgaben.

* * *

Das Wort Ehe wird nur mit drei Buchstaben geschrieben. Man buchstabiert aber jahrelang dran herum.

* * *

Heirate oder heirate nicht, du wirst es in jedem Fall bereuen.
Sokrates

* * *

Die meisten Frauen setzen alles daran, einen Mann zu ändern, und wenn er sich dann geändert hat, mögen sie ihn nicht mehr.
Marlene Dietrich

* * *

Die Liebe vernichtet alles Böse und macht frei von aller Angst.
Hildegard von Bingen

* * *

Liebe ist die wunderbare Gabe, einen Menschen so zu sehen, wie er nicht ist.
Hannelore Schroth

* * *

Schön ist eigentlich alles, was man mit Liebe betrachtet.
Christian Morgenstern

* * *

Die Ehe ist der Versuch, zu zweit mit den Problemen fertig zu werden, die man alleine nie gehabt hätte.
Woody Allen

GEDANKEN ÜBER DAS GLÜCK

Glückwünsche flattern viele euch ins Haus,
dazu manch schöner Blumenstrauß.
Doch ob Rosen, Tulpen, Nelken,
Blumen leider schnell verwelken,
die Blütenpracht ist dann vorbei.
Doch soll das Glück euch bleiben treu.
Nicht immer ist eitel Sonnenschein,
nicht immer kann man glücklich sein.
Und doch – man muss zu leben verstehen,

dann ist das Leben richtig schön!
Möge drum vor allen Dingen
die Zeit euch Glück und Frieden bringen.
Ist das Glück euer Begleiter,
wird es euch helfen immer weiter.

* * *

Glück ist gar nicht mal so selten,
Glück wird überall beschert.
Vieles kann als Glück uns gelten,
was das Leben uns so lehrt.

Glück ist jeder neue Morgen,
Glück ist bunte Blumenpracht,
Glück sind Tage ohne Sorgen,
Glück ist, wenn man fröhlich lacht.

Glück ist Regen, wenn es heiß ist,
Glück ist Sonne nach dem Guss.
Glück ist, wenn ein Kind ein Eis isst,
Glück ist auch ein lieber Gruß.

Glück ist Wärme, wenn es kalt ist,
Glück ist weißer Meeresstrand.
Glück ist Ruhe, die im Wald ist,
Glück ist eine Freundeshand.

Glück ist eine stille Stunde,
Glück ist auch ein gutes Buch.
Glück ist eine frohe Runde,
Glück ist freundlicher Besuch.

Glück ist niemals ortsgebunden,
Glück kennt keine Jahreszeit.
Glück hat immer der gefunden,
der sich seines Lebens freut.

Liebe schenken, Freude geben,
dankbar und zufrieden sein
ist das höchste Gut im Leben
und schließt alles Schöne ein.

Allzeit fröhlich ist gefährlich,
allzeit traurig ist beschwerlich,
allzeit glücklich ist betrüglich,
eins ums andre ist vergnüglich.
Joseph von Radowitz

Eheberaterin

Man fragt sich oft: Was muss geschehen,
damit Partner sich gut verstehen?
Reicht die große Liebe allein,
um immer glücklich zu sein?
Überlegt man sich's mal richtig,
dann sind viele Dinge wichtig.
Wichtig ist: sich nie belügen
und den Partner nicht betrügen.
Wichtig ist: sich stets vertrauen,
aufeinander stets zu bauen.
Wichtig ist das Zärtlichsein,
dann kommt die Liebe von allein.
Wichtig auch: mal auszugehen,
vielleicht 'nen Liebesfilm ansehen.
Wichtig: zusammen Urlaub machen
und öfter miteinander lachen.
Wichtig ist vor allen Dingen
zu wissen: Glück lässt sich nicht erzwingen.
Jagt alle Sorgen zum Fenster raus
und holt die Sonne in euer Haus.
Gebt euch Müh, macht alles richtig,
und seid ehrlich, das ist wichtig.
Und ihr werdet schließlich seh'n:
Befolgt ihr das alles, wird die Ehe schön!

Treue

Hallo, ihr Lieben, hört einmal her:
Als erfahrene Ehefrau bitt' ich euch sehr,
dass ihr einander Treue schwört,
weil Fremdgehen sich wirklich nicht gehört.
»Treu sein, nein, das kannst du nicht,
wenn auch dein Mund mir Liebe verspricht.«
So sang man schon vor langer Zeit.
Leider gibt's darum auch heute noch Streit.
Ein Mann weiß nicht, was Treue ist,
wenn heimlich er eine andere küsst.
Doch hat man den richtigen Partner gefunden
und ist mit ihm durch die Ehe verbunden,
darf es solche Probleme nicht geben.
Sich treu zu bleiben ist wichtig im Leben.
Ich weiß, euch wird das nicht passieren.
Ihr lasst euch bestimmt von niemand verführen.
Drum stoßen wir jetzt auf die Treue an.
Es lebe die Braut und ihr treuer Mann.

Junggesellen-Abschied

Vortrag des Freundes zur Hochzeit eines »eingefleischten« Junggesellen

Als ich hörte, dass du dir Frau hast genommen,
bin ich natürlich zur Hochzeit gekommen,
um euch herzlich zu gratulieren.
Ja, einmal musste es doch passieren.
Du warst als Junggeselle begehrt,
doch bisher hat dich das nicht geschert.
Vom Heiraten wolltest du gar nichts wissen,
meintest, man könne auch so kuscheln und küssen.
Doch nun hast auch du es endlich gewagt
und auf dem Standesamt Ja gesagt.
Und das ist auch gut so, denn ich weiß genau,
du bekommst eine liebe und schöne Frau.
Du wirst sie auf den Händen tragen –
und sie wird dir genau dann sagen,
wie eure Ehe soll funktionieren –
natürlich musst du immer brav parieren.
Gibt es mal Ärger, dann mach dir nichts draus!

Ich weiß: Ihr zwei werdet euch gut verstehn.
Macht euch das Leben nur immer schön!
Dazu wünsche ich euch von Herzen viel Glück!
Doch, bitte, denk auch an unsere Freundschaft zurück.
Dein Junggesellenleben wird zu Ende nun sein,
drauf stoßen wir an mit einem Gläschen Wein.

Die Erschaffung des Weibes

Brahma, Schöpfer allen Lebens,
saß und sann im Weltenmai,
sann und grübelte vergebens,
wie das Weib zu schaffen sei.

Denn als er den Mann erschaffen,
hatte seine Meisterhand
alle festen, alle straffen
Elemente schon verwandt.

Wie das neue Werk beginnen,
da kein Stoff mehr übrig war?
Erst nach langem tiefem Sinnen
ward's ihm endlich offenbar.

Und er nahm der Blumen Sammet
und den frommen Blick des Reh's
und die Glut, die lodernd flammet,
und den kalten Hauch des Schnees.

Nahm den schlanken Wuchs der Gerte
und des Windes Flattersucht
und des Diamanten Härte
und die Süßigkeit der Frucht.

Nahm den zarten Schmelz vom Laube
und den Flaum vom Vogelkleid,
das Gegirr der Turteltaube
und des Tigers Grausamkeit.

Und vom morgendlichen Rasen
nahm er die Tränenflut des Taus,
nahm die Furchtsamkeit des Hasen
und die Eitelkeit des Pfaus;

nahm vom Schilfe das Gezitter
und des Vollmonds schwellend Rund
und des Sonnenstrahles Flitter
und des Hähers Plappermund.

Nahm der Kletterpflanze Schlingen,
nahm der Schlange Wellenleib,
und aus allen diesen Dingen
schuf der Weltenherr das Weib.

Und dem Manne zum Genossen
gab er es mit güt'gem Sinn;
doch bevor ein Mond verflossen,
trat der Mann vor Brahma hin.

Und er sprach: »Oh, Herr, das Wesen,
das du mir so gnadenvoll
zur Gesellschaft hast erlesen,
macht mich elend, macht mich toll.

Ach, es plappert Tag' und Nächte,
raubt mir Schlaf und Zeit und Ruh,
fordert viel, doch nie das Rechte,
stört und quält mich immerzu.

Es vergiftet mir mein Leben,
es zertrümmert mir mein Glück;
du, der mir das Weib gegeben,
großer Brahma, nimm's zurück!«

Brahma tat nach seiner Bitte;
doch nach einer Woche schon
trat der Mann mit raschem Schritte
wiederum vor seinen Thron.

»Herr«, so sprach er scheu beklommen,
»meines Jammers dich erbarm!
Seit mir das Geschöpf genommen,
ward mein Leben leer und arm.

Ach, gedenken muss ich täglich,
wie dies Wesen tanzt' und sang,
wie's mich ansah herzbeweglich
und mit weichem Arm umschlang.

Die geschmeidig sanften Glieder
und das liebliche Gesicht –
Brahma, gib das Weib mir wieder,
meines Lebens Lust und Licht!«

Brahma stillte sein Verlangen;
doch drei Tage kaum danach
kam der Mann mit bleichen Wangen
abermals zurück und sprach:

»Sieh mich Herr voll bittrer Reue!
Ach, ich war ein blinder Tor;
seit das Weib mir ward aufs Neue,
bin ich ärmer als zuvor.

Niemals wieder mich betrügen
wird ihr Lächeln und ihr Kuss.
Winzig klein ist das Vergnügen,
riesengroß ist der Verdruss.

Ach, mir blieb kein Hoffnungsschimmer;
Drum erhör mich, großer Gott:
Nimm das Weib mir ab für immer!«
Brahma rief: »Bin ich dein Spott?

Scher dich heim! Für deine Klagen
bleibt mein Ohr fortan verschanzt;
Lern, so gut du kannst, ertragen,
was du nicht entbehren kannst!«

Traurig schlich der Mann von hinnen,
und im Wandern seufzt er bang:
»Großer Brahma, nicht entrinnen
werd ich meinem Untergang.

Was du mir heraufbeschworen
durch das Weib, verschmerz ich nie:
So und so bin ich verloren –
mit ihr und auch ohne sie.«
Ludwig Fulda

Liebeslieder

(Es wäre natürlich gut, wenn Sie zu den folgenden Liedern Musikbegleitung hätten. Die Auswahl lässt sich beliebig ergänzen oder verändern. Hauptsache, die Melodien sind bekannt.)

Hallo, grüß Gott, ihr lieben Leute,
wir singen für das Brautpaar heute.
Die Melodien bekannt, die Texte so schön,
da kann sicher niemand widersteh'n.
Zuhören oder kräftig mitsingen –
im Chor wird alles besser klingen.
Es gibt wunderschöne Liebeslieder,
man hört und singt sie immer wieder.
Allein das Wort »Liebe« hat besonderen Wert,
und wenn man es dann gesungen hört,
klingt es so weich und hingebungsvoll.
Ich denke, dass jeder grad heute soll
mit mir von der Liebe fröhlich singen,
damit sie im Herzen der Brautleut mitschwingen.
Damit alle auch können mitsingen,
werden wir nur den Refrain immer bringen.

1. Das Lieben bringt groß Freud

Das Lieben bringt groß Freud,
das wissen alle Leut.
Weiß mir ein schönes Schätzelein
mit zwei schwarzbraunen Äugelein.
das mir, das mir, das mir mein Herz erfreut.

2. Kein Feuer, keine Kohle

Kein Feuer, keine Kohle
kann brennen so heiß,
als heimliche Liebe,
von der niemand nichts weiß.

3. Du, du liegst mir im Herzen

Du, du liegst mir im Herzen.
Du, du liegst mir im Sinn.
Du, du machst mir viel Schmerzen,
weißt nicht, wie gut ich dir bin.
Ja, ja, ja, ja,
weißt nicht, wie gut ich dir bin.

4. Komm in meine Liebeslaube

Komm in meine Liebeslaube,
in mein Paradies,
denn in meiner Liebeslaube
träumt es sich so süß.
Wenn in den Büschen
verliebt die Heimchen schwirren,
zärtlich die Tauben girren,
freundlich der sanfte Mondschein lacht,
hält Amor die Liebeswacht.

5. Schenk mir doch ein kleines bisschen Liebe

Schenk mir doch ein kleines bisschen Liebe,
sei doch nicht so schlecht zu mir.
Fühlst du nicht mit innig süßem Triebe,
wie mein Herz verlangt nach dir?
Schenk mir doch ein kleines bisschen Liebe,
sei doch wieder lieb zu mir.
Fühlst du nicht mit innig süßem Triebe,
wie mein Herz verlangt nach dir?

6. Ich tanze mit dir in den Himmel hinein

Ich tanze mit dir in den Himmel hinein,
in den siebenten Himmel der Liebe.
Die Erde versinkt und wir zwei sind allein
in dem siebenten Himmel der Liebe.
Komm, lass uns träumen bei leiser Musik
unser romantisches Märchen vom Glück.
Komm, tanze mit mir in den Himmel hinein,
in den siebenten Himmel der Liebe.

7. Wie ein Wunder kam die Liebe über Nacht

Wie ein Wunder kam die Liebe über Nacht.
Heut hat mir das Glück beim Walzer zugelacht.
Nun träumt mein Herz von dem einen,
der mich so glücklich gemacht.
Wie ein Wunder kam die Liebe über Nacht.

8. Du kannst nicht treu sein

Du kannst nicht treu sein,
nein, nein, das kannst du nicht,
wenn auch dein Mund mir wahre Liebe verspricht.
In deinem Herzen hast du für viele Platz,
darum bist du auch nicht für mich der richt'ge Schatz.

9. Das gibt's nur einmal, das kommt nicht wieder

Das gibt's nur einmal, das kommt nicht wieder,
das ist zu schön, um wahr zu sein.
So wie ein Wunder fällt auf uns nieder
vom Paradies ein gold'ner Schein.
Das gibt's nur einmal, das kommt nicht wieder,
das ist vielleicht nur Träumerei.
Das kann das Leben nur einmal geben,
vielleicht ist's morgen schon vorbei.
Das kann das Leben nur einmal geben,
denn jeder Frühling hat nur einen Mai.

10. Nur nicht aus Liebe weinen

Nur nicht aus Liebe weinen,
es gibt auf Erden nicht nur den einen,
es gibt so viele auf dieser Welt,
ich liebe jeden, der mir gefällt.
Und darum will ich heut dir gehören.
Du sollst mir Liebe und Treue schwören.
Wenn ich auch fühle, es muss ja Lüge sein,
ich lüge auch und bin dein.

Bändergedicht

Fröhlichkeit herrscht hier in diesem Raume,
alles huldigt heut dem jungen Paar.
Und so nah auch ich, will nicht versäumen,
Wünsche euch zu bringen, treu und wahr.

Hochzeitsgrüße will ich freudig bringen,
nehmet sie in Lieb und Freundschaft hin.
Und die bunten Bänder will ich um euch schlingen
und dabei euch deuten ihren Sinn.

Mancher Bund im Leben ward geschlossen
und besiegelt mit dem Druck der Hand,
doch wo Amors Pfeil hat tief getroffen,
schlingt ums Leben sich das schönste Band.

Feurig leuchtend sind der Liebe Flammen. *rotes Band*
Mögen sie euch löschen nimmer aus.
Ja, der Liebe Band halt' euch zusammen
ewig – dann wohnt Glück in eurem Haus.

Doch wo Liebe, muss auch Treue wohnen. *blaues Band*
Treue ist der Liebe Unterpfand.
Treue muss in beider Herzen wohnen.
Dieses sagt uns jetzt das blaue Band.

Hoffnungsfreudig in die Zukunft blicken. *grünes Band*
»Hoffnung« sagt uns jetzt das Band mit seinem Grün.
Wissen wir doch nicht, was Gott mag schicken.
Hoffen wir, dass euch nur Glück mag blüh'n.

Dieses Band hier sticht uns in die Augen. *gelbes Band*
Gelb – was Eifersucht man nennt.
Eifersucht, ein wenig könnt ihr's brauchen,
umso heißer dann die Liebe brennt.

Auch ein graues Band halt ich in Händen. *graues Band*
Sollte es Not und Sorge sein?
Fort damit! Sie soll'n sich von euch wenden,
nie kehr Not und Sorge bei euch ein.

weißes Band

Nie soll dunkel euch die Zukunft scheinen,
hellen Sonnenstrahlen sei sie gleich.
Unschuld soll mit frohem Sinn sie einen,
drum ein weißes Band ich euch nun reich'.

silbernes Band

Und im Herzen sollt ihr Liebe wahren
von dem Tage an im grünen Kranz.
Bis – wollt's Gott – in 25 Jahren
Myrte strahlet dann im Silberglanz.

goldenes Band

Noch ein weit'res Band schmückt euer Leben.
Seht das Gold, wie glänzt es hell und klar.
Gott der Herr, er möge es euch geben,
dieses Gold, man nennt es 50 Jahr.

Viele Bänder sind um euch geschlungen,
Farben, die ein jeder gerne mag.
Eines nur, das hab ich nicht gefunden,
doch ich such auch nicht danach.

Es ist das schwarze Band, das ich jetzt mein'.
Schwarz – wie dunkel, lassen wir es fern!
Nie kehr Traurigkeit in euer Heim,
ewig grün bleib euer Hoffnungsstern.

Trautes Paar, nun werde alt in Frieden,
Gottes Segen möge mit euch sein.
Gott der Herr, er möge euch
behüten,
Drum Glück auf in eurem
neuen Heim.

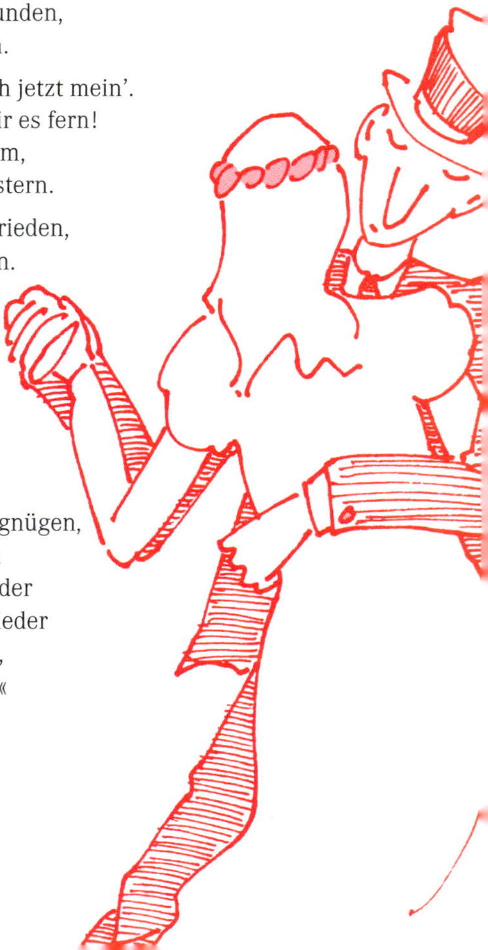

Hochzeitstanz

»'s ist doch ein himmlisches Vergnügen,
sein rundes Mädel herzukriegen
und rundherum und auf und nieder
im schönen Wechselspiel der Glieder
die ahnungsvolle Kunst zu üben,
die alle schätzen, welche lieben.«

So konnte Wilhelm Busch einst dichten,
und solches lasst uns auch verrichten:
Lasst uns jetzt tanzen, liebe Gäste,
als Höhepunkt beim Hochzeitsfeste.
Wir tanzen zwar nicht in den Himmel hinein,
doch das muss auch gar nicht sein.
Auf einer Hochzeit ist es nun mal so Brauch,
und darum tun wir es jetzt auch.
Der Hochzeitstanz ist sehr begehrt,
weil damit das Brautpaar wird geehrt.
Das Paar sucht einen Tanz sich aus.
Wenn sie beginnen, klatscht ihr Applaus.
Als Nächste auf der Tanzfläche dann
schließen sich die Eltern an.
Darauf werden alle im Tanze sich dreh'n.
Macht alle mit, dann wird's wunderschön.

Gruß an die Braut und den Bräutigam

Du liebe … (Name der Braut), nun hab acht,
damit's später nicht kriselt und kracht!
Das Regiment in der Ehe hat die Frau zu führen,
nur lass dies deinen Mann niemals spüren!
Und nicht zu scharf die Herrschaft ausbauen,
denn vergiss nicht: Es gibt noch andere Frauen!
Kommt er einmal nach Hause beschwipst,
komm nicht gleich mit dem Besen geflitzt!
Handle stets mit Liebe und Güte,
denn das geht … (Name des Bräutigams) stark zu Gemüte!

* * *

Hallo, lieber … (Name des Bräutigam), altes Haus,
mit dem Junggesellenleben ist es nun aus.
An das nun schon vergangene Glück
denkst du mit 'ner Träne im Knopfloch zurück.
Doch scheint mir, das Glück hast du hier gefunden,
da du dich für immer hast gebunden.
Du hast einen großen Fang gemacht,
sodass mir das Herz im Leibe lacht.

Bedenke, die Frau'n sind das schwache Geschlecht,
sie wollen verwöhnt werden, und das mit Recht!
Nimm dir jedoch hierfür viel Zeit, und dann
wirst du seh'n: Dein Glück hält ein Leben lang.

***

ein Trauzeuge

Als Adam die Eva einst gefreit
in des Paradieses Garten,
da war kein Standesamt weit und breit,
Trauzeugen nirgends harrten.
Seit dieser Zeit ist viel geschehen,
und so kann's heute nicht mehr gehen.
Damit das Brautpaar kann später nicht leugnen,
können ... (Name eines Trauzeugen) und ich bezeugen,
dass sie versprachen, Treue zu wahren
und Liebe in guten wie schlechten Jahren.
Und wir beide prüfen jährlich aufs Neue,
wie's bei euch steht mit Liebe und Treue.
Also, ihr Brautleute, gebt schön acht,
ihr werdet stets von vier Augen bewacht!

Schön sein ist alles?

Wohl jede Frau strebt Schönheit an,
nicht nur für sich, sondern auch für den Mann.
Schließlich möchte sie ihm gefallen
und die Schönste sein von allen.
Das ist so weit auch ganz normal.
Aber schön zu sein, ist oft eine Qual.
Frauen machen sich schön, um zu gefallen.
Im Schönheitssalon müssen sie viel dafür bezahlen.
Man sagt ja: »Schönheit kommt von innen«,
meint aber damit: Kosmetikerinnen spinnen.
Doch zur Schönheit gehört nicht nur
eine besonders gute Figur
und ein ebenmäßiges Gesicht.
Das alleine reicht noch nicht.
Ihre Ausstrahlung ist wichtig,
und es ist genauso richtig,
dass die Art, wie sie sich bewegt,

viel zu ihrer Wirkung beiträgt.
Auch auf Komplimente legt sie viel Wert.
Eine schöne Frau ist überall begehrt.
Doch am schönsten bist du, wenn du wirst geliebt,
weil das ein schönes Gefühl dir gibt.
Zur Schönheit passt Sekt, drum stoßt mit mir an
auf die schönste Braut, den elegantesten Bräutigam.

Ich wünsch' mir einen neuen Mann

Liebe Gäste, ich suche 'nen neuen Mann!
Wisst ihr, wo ich einen finden kann?
Ich würde auch tauschen. »Warum?«, fragt ihr?
Meiner ist nicht mehr lieb zu mir.
Auch ist er geizig! Ich halt es nicht aus.
Sagt, ich schmeiß das Geld zum Fenster raus.
Ich wollte nur mal an die Riviera fliegen.
Seine Antwort: »Du kannst auch hier in der Sonne liegen!«
Auch hätt ich gerne einen neuen Wagen.
Darauf hatte er nur zu sagen:
»Bei deinem Fahrstil tut's der alte noch lange.«
Nun bin ich bei jeder Bitte schon bange.
Ich bat um Geld für den Schönheitssalon,
habe so viel Gutes gehört schon davon.
Ich möchte mich nur mal liften lassen.
Das konnte mein Mann nun gar nicht fassen:
»Hast du denn nicht schon selbst erkannt,
dass du bist total überspannt?
Liften! Da kann ich doch nur lachen;
Was sollen die denn bei dir noch machen? –
Glaube mir, ich weiß es genau:
Für mich bist du noch immer die schönste Frau.
Ich liebe dich, einfach so wie du bist.«
Und dann hat er mich ganz lieb geküsst.
Na, dann werd' ich's noch mal überdenken
und ihm noch etwas Probezeit schenken.
Ich glaube, ich behalte meinen Mann.
der so liebe Komplimente machen kann.

Der ideale Ehemann

Wohl jede Frau wünscht sich einen idealen Ehemann,
zu dem sie auch aufblicken kann.
Er sollte ihrer auch würdig sein,
nicht nur zum Schein.
Manche Frauen schätzen nur
am Mann eine athletische, schlanke Figur.
Und wie sieht die Ehe mit ihm aus?
Kommt er immer pünktlich nach Haus?
Kommt er zu spät, könnten es Überstunden sein,
eine Entschuldigung fällt ihm bestimmt schon ein.
Es sollte ihm vor allem
nicht jede Frau gefallen.
Er sollte treu sein und nicht lügen
und niemals seine Frau betrügen.
Geistreich, zärtlich, verständnisvoll,
so findet sie ihn sicher toll.
Den Kindern ein Vorbild und ein Kamerad.
Sie brauchen ganz sicher seinen Rat,
zum Beispiel bei den Schularbeiten,
auch wenn es nicht immer geht ohne streiten.
Auch ist es ihm nie zu viel,
fordern sie ihn auf zum Fußballspiel.
Ein guter Ehemann kann noch viel mehr:

Er ist Hausmann und Installateur,
er kann sogar Fenster putzen, kochen und backen
und besonders herzlich lachen.
Er nimmt seiner Frau gern die Arbeit ab,
natürlich nur, falls er Zeit dazu hat.
Er kann ganz lieb einen Handkuss geben
und alles, was noch gehört zum Eheleben.
Kurz und gut, er ist der ideale Ehemann,
dem so leicht keine Frau widerstehen kann.

Ich bin der Mustergatte!

Liebes Brautpaar, liebe Leut,
seid ihr zum Zuhören noch mal bereit?
Ich stelle mich hier als Mustergatte vor,
schenkt mir bitte drum euer Ohr.
Seitdem ich habe eine so liebe Frau,
bin ich wie umgewandelt und weiß genau,
wie ein Mustergatte muss sein.
Ich hoffe, euch werden meine Einsichten freu'n.

Liegt meine Gattin noch im Bett,
serviere ich ihr gleich auf dem Tablett
ein Frühstück mit vielen leckeren Dingen:
Kaffee und Brötchen werde ich ihr bringen,
Butter, Marmelade und Honig schmeckt fein,
auch Käse und Wurst darf es sein.
Ich stelle dazu einen Strauß aufs Tablett,
dann findet sie's sicher besonders nett.

Anschließend machen wir einen Bummel,
ich kaufe meiner Frau ein paar Modefummel.
Oder ich schlage den Bummel für Sonntag vor,
dann haben die Geschäfte geschlossen das Tor.
Geht meine Frau gerne zum Friseur,
dann denk ich nicht immer: Welch Malheur!
Ob blond, ob schwarz, ob glatt oder gewellt –
wichtig ist, dass es ihr gefällt.
Schließlich kommt es ja auf die Farbe nicht an.
Sie macht sich nur schön für mich, ihren Mann.

Ehrlich, ist es nicht gut, verheiratet zu sein?
Dabei fallen mir noch ein paar Dinge ein:
Ich bemühe mich, meiner Frau zur Hand zu gehen,
doch werde ich ihr nicht im Wege stehen,
wenn sie absolut einige Sachen
im Haushalt möchte selber machen.

Sollten wir mal verschiedener Meinung sein,
lenk' ich im Streit möglichst schnell wieder ein.
Überhaupt – wenn wir's schaffen, uns gut zu vertragen,
dann hat niemand einen Grund zum Klagen.

Also strebe ich immer an,
ein Muster zu sein von Mann!
Darum macht jetzt eure Gläser voll
und trinkt auf des Mustergatten Wohl.

Rosenkavaliere

ein Ehepaar erscheint mit einem Rosenstrauß, der Mann übergibt Rosen an weibliche Gäste, die Frau spricht die Texte

Liebe Gäste, ist es nicht schön,
ein Brautpaar verliebt und glücklich zu sehn?
Das kann man heute wieder erleben,
da sich das Paar sein Jawort gegeben.
Drum kommen wir mit einem Rosenstrauß.
Mögen sie lange schmücken euer Haus.
Jede Rose schließt Wünsche für euch mit ein,
mögt ihr immer zufrieden sein.
Was euch die Rosen haben zu sagen?
Danach braucht ihr nicht lange zu fragen.

- Die erste Rose will der Braut ich schenken.
  Du sollst immer gern an deine Hochzeit denken.
- Die nächste Rose gilt der Liebe,
  auf dass sie ewig blühen bliebe.
- Diese Rose ist für das Glück,
  nicht nur für diesen Augenblick.
- Diese Rose möge dir im Leben
  immer gute Gesundheit geben.
- Diese Rose hat Dornen, gib acht,
  dass sie dir keinen Ärger macht.

- Diese Rose ist ein besonders schönes Stück.
  Ich hoffe sehr, sie bringt dir Glück.
- Diese Rose möchte dir sagen:
  immer nur Mut und nie verzagen.
- Diese Rose riecht so schön,
  keiner kann ihrem Duft widerstehen.
- Steck dir diese Rose gleich an.
  Sie kommt von einem tollen Mann.
- Diese Rose sagt dir ins Ohr:
  Alles geht leichter mit Humor.
- Dein Essen schmeckt ihm besonders fein,
  lädst du ihn dazu mit 'ner Rose ein.
- Liegt dein Mann mal krank im Bett,
  schenk ihm die Rose, das findet er nett.
- Brachtest du deinen Man mal in Wut –
  mit einer Rose machst du's wieder gut.
- Eine Rose und ein Kuss
  sind für ein Paar ein Hochgenuss.
- Diese Rose schenk ich dir,
  nimm sie als liebes Souvenir.
- Diese Rose macht dich froh,
  heute, hier und anderswo.

Doch jetzt muss ich kurz mich fassen,
wir wollen die Rosen doch nicht verwelken lassen.
Ich hoffe sehr, es hat euch allen
unser Auftritt hier gefallen.
Es kann kaum etwas schöner sein,
als Frauen mit Rosen zu erfreun.

Auf gute Nachbarschaft

Begrüßen möchte ich heute
alle Freunde und Nachbarsleute.
Ihr seid gekommen von nah und fern,
denn auch ihr habt das Brautpaar gern.
Wir kennen uns schon seit langen Zeiten,
die Freude kommt daher von beiden Seiten.
Gerade darum find ich es schön,
dass wir uns heut alle wiedersehen.
Dem Ehepaar möchte ich einen Rat noch geben:
Ihr solltet in eurer jungen Ehe pflegen
immer gute Nachbarschaft.
Denn Zusammensein Freunde schafft.
Auch Freundschaften man erhalten muss,
drum gilt auch euch allen ein besonderer Gruß.

* * *

ein Nachbar spricht

Zieht man in eine neue Wohnung ein,
wird jeder sich über gute Nachbarschaft freu'n.
Denn gute Nachbarschaft ist heut viel Wert.
Sie zu pflegen, ist darum nie verkehrt,
man weiß nie, wie es einmal kommen mag.
Vielleicht kommt einmal der Tag,
wo man ist in Not geraten
und auf Hilfe muss lange warten.
Der gute Nachbar ist stets zum Helfen bereit.
Er rechnet aber auch mit Gegenseitigkeit.
Nachbarn sollen sich nie auf die Nerven gehen.
Ein Plausch übern Zaun zeugt von gutem Verstehen.
Will der Nachbar mal verreisen, dann ist doch klar:
Einer ist für den anderen da.
Er wird schon nach dem Rechten sehn.
Ja, gute Nachbarschaft ist immer schön.
Ein guter Nachbar ist oft wie ein guter Freund,
der es ehrlich mit dir meint.
Erhalte dir immer eine gute Nachbarschaft,
die, wie es heißt, auch Freunde schafft.

Auf Wiedersehen

Das Fest geht langsam jetzt zu Ende,
für euch nimmt der Alltag eine Wende!
Drum, Freunde, Familie und Nachbarsleut,
helft dem Brautpaar weiter in Freud und Leid,
falls mal etwas schief sollte geh'n,
das fände ich lieb, das wäre schön.
Nun wünschen wir euch Gutes und Sonnenschein.
Mögen Liebe und Glück immer bei euch sein.

* * *

Hallo, liebe Gäste,
oft ist der Schluss das Beste
Was nun vor uns liegt,
ist oftmals nicht so vergnügt.

Heut haben wir gesungen und gelacht
und manches Späßchen gemacht.
Wir verlebten viele schöne Stunden
mit dem Paar, das sich verbunden.

So soll es bleiben bis zum Schluss.
Vielleicht sogar mit 'nem Abschiedskuss?
Doch nun sagen wir beim Auseinandergehen:
Zum Wohle – auf ein frohes Wiedersehen!

* * *

Nun, liebes Brautpaar, habt ihr's überwunden.
Es mögen euch blühen viele glückliche Stunden.
Es sei euch beschert auf allen Wegen
des Himmels reichster Segen!
Wandelt denn friedlich durchs Leben hin:
Mit treuem Herzen, einem redlichen Sinn.
Ihn hat euch der Herrgott gegeben.

Auch ich möchte gern ein Gedicht aufsagen,
weiß aber nicht, ob ich es kann wagen.
Zunächst wünsch' ich dem lieben Paar
Glück und Sonnenschein für viele Jahr.
Eine schöne Zeit für euch nun beginnt,
wo sich Herz zum Herzen find't.
Haltet euch nur immer fest mit beiden Händen,
dann wird sich alles zum Guten wenden.
Dann bleibt auch das Glück immer an eurer Seit'.
Es wird euch treu sein für alle Zeit.

* * *

Ich bin so stolz, euer Gast zu sein.
Dafür machte die Mutti mich extra fein.
Ich durfte sogar miterleben,
wie ihr euch habt das Jawort gegeben.
Die Schule habe ich ganz vergessen,
denn heute gibt es so viel Leckeres zu essen.
Dafür sage ich euch herzlich Dankeschön.
Ich wünsch' mir schon jetzt, dass wir uns bei meiner Hochzeit alle wieder sehen.

* * *

Wär' ich ein großer reicher Mann
und hätte sehr viel Geld,
so kauft' ich euch zum Hochzeitstag
bestimmt die ganze Welt.
So aber bin ich klein und arm
und hab nicht viele Worte.
So wünsch' ich euch von ganzem Herzen
fünf von meiner Sorte.

* * *

Liebes Brautpaar, ich sage ein Gedicht,
aber nur wenn ihr euch küsst.
(wartet, bis sich das Paar küsst)
Danke, Danke, Dankeschön,
ich wollte nur das Küssen sehn!

* * *

Alle Ührlein ticken es,
alle Tierlein nicken es.
Alle Vöglein singen laut:
Du bist eine frohe Braut.
Und die Riesen und die Zwerge,
in dem Wald und auf dem Berge
und die Käfer all zusamm'
loben deinen Bräutigam.
Aber auch hier alle Leute
haben an euch große Freude.
Und sie sagen, es ist wahr:
Die zwei sind ein glücklich Paar!

Am ... (Datum) vor 25 Jahr
feierten wir eure Hochzeit, es war wunderbar!
Inzwischen sind vergangen 25 Jahr.
Bist heut eine Braut mit Silberkranz im Haar.
Dein Mann trägt am Anzug einen Silberstrauß.
Ihr seht echt bezaubernd und so jung noch aus.
Die Jahre sind vergangen wie im Flug.
Ihr hattet immer Zeit genug,
euch ein schönes Leben zu zimmern
und euch lieb umeinander zu kümmern.
Kaum zu glauben, wie schnell die Zeit vergangen,
und immer noch habt ihr das Verlangen,
so viel als möglich zusammen zu sein.
Das ist eben Liebe, sie lässt keinen allein.
Zu diesem Glück möchte ich euch gratulieren.
Möge eure Ehe weiter gut harmonieren.
Ein Prosit unserem Silberpaar!
Wir wünschen euch Glück noch für viele Jahr!

* * *

So vor fünfundzwanzig Jahren
standet ihr am Traualtar.
Und der Zukunft Tage waren
euch und andren noch nicht klar.

Aber heut im Freundeskreise
schaut ihr zurück auf eure Reise,
für das Ziel, das nicht mehr Schein,
stehen Kinder und Enkel ein.

Der Liebe Melodienschatz,
er wechselt wie im Fluge,
die Ehe bleibt im gleichen Satz,
ihr wird die Zeit zur Fuge.
Franz Grillparzer

* * *

Man kann es kaum glauben, aber es ist wahr.
Heute seid ihr schon 25 Jahre ein Paar.
Ihr seht noch gut aus, das muss ich sagen.
Ja, man hörte euch auch nie klagen.
Kaum gab es in eurer Ehe mal Streit.
Ein Zeichen, dass ihr immer zufrieden seid.
Und wenn ihr immer noch seid verliebt und treu,
fühlt euch in eurem Tun stets frei,
dann werdet ihr noch lange glücklich sein.
Darauf stoßen wir an mit einem Gläschen Wein.

* * *

Unserem lieben Silberpaare,
dessen Bund wir heut erneuern,
wünsche ich, dass viele Jahre
wir noch froh wie heute feiern.
Möge immer mit euch beiden
Gottes reicher Segen sein.
Er bewahre euch vor Leiden,
schenke Glück und Sonnenschein.

* * *

Ehrlich, kaum begreifen kann ich's,
dass jetzt voll die fünfundzwanzig
wunderschönen Ehejahre.
Dass der Himmel euch bewahre
weiterhin vor Not und Sorgen,
so wie gestern, heut und morgen,
übermorgen, immerdar,
wünsche ich dem Jubelpaar.

* * *

Gemeinsam alles tragen:
die Freude und den Schmerz.
Gemeinsam alles wagen:
Das bindet Herz an Herz.
So sollt ihr vorwärts schauen,
und so schaut ihr zurück:
Aus liebendem Vertrauen
erwächst beständ'ges Glück.

* * *

Es scheide nicht der heutige Tag
ohn' diesen Freudenruf;
wird er lebendig in mir wach,
war's Liebe, die ihn schuf.
Du bist mein braves, treues Weib,
und dein gedenk ich stets.
Es spricht mein Herz: O Teure, bleib
mir immer so, dann geht's.
Mag immerhin die ganze Welt
nicht sein, so wie sie soll -
ich füge mich; die Lieb' erhält
das Maß des Glücks mir voll.
Und kannst du selber dir gestehen:
Ich hab Zufriedenheit!
Dann sollst du meine Freude sehen
und meine Dankbarkeit.
Nicht eitle Worte sprech' mein Mund,
o Teure, nur die Tat,
sie gebe deinem Herzen kund,
was ich von Gott erbat.
Und was der Himmel mir geschenkt,
bewahr ich's heilig doch;
du bist's, die meine Seele denkt:
Du Teure, lebe hoch!
(Verfasser unbekannt, 19. Jahrhundert)

Liebes goldiges Paar,
es ist doch einfach wunderbar,
dass ihr noch so glücklich ausschaut,
als wäret ihr eben erst frisch getraut.
Und dabei seid ihr schon seit fünfzig Jahr
ein immer noch glückliches Paar.
Ich denke, das ist wahrhaftig ein guter Grund
ein Fest zu feiern – und
dazu liebe Gäste einzuladen.
Kann es doch nicht schaden,
wenn alle einmal miterleben
wie schön noch nach 50 Jahren ist ein Eheleben.
Für euch war nicht immer eitel Sonnenschein,
sicher schlug auch der Blitz mal ein,
wenn es gab einen kleinen Streit.
Aber ich glaube, dass ihr stets wart bereit,
euch wieder schnell zu vertragen.
Jedenfalls kamen von euch wenig Klagen.
Wenn es euch dann ist überkommen,
habt ihr euch in den Arm genommen,
und alles war wieder klar!
Ein kräftiger Applaus unserem goldigen Paar!
Wenn ich jetzt bitte – stoßt alle mit an,
wohl kaum ein Gast widerstehen kann.

* * *

ein Ehepartner

Als ich dir einst tief in die Augen gesehen,
war es auch schon um mich geschehen.
Sag, Schatz, hast du je bereut
unsere gemeinsame schöne Zeit?
Auch heute danke ich dir für deine Liebe
und wünsche mir, dass es immer so bliebe.

* * *

Gerne würde ich euch fragen,
wie ihr es geschafft habt, 50 Jahre
so glücklich verheiratet zu sein,
denn in einer Ehe kann nicht Glück nur sein.
Sicher gab es auch mal eine Zeit,
da ist's euch gegangen nicht so gut.
Aber ihr standet Seit an Seit,
und das gab stets euch wieder Mut.
Nicht nur die Liebe war mit euch auf euren Wegen.
Ihr wurdet auch begleitet von Gottes Segen.
Heute soll für euch ein besonderer Glückstag sein,
über den wir uns alle mit euch freuen.
Lasst darum die Gläser klingen
und ein frohes Lied uns singen.

* * *

Fünfzig Jahre Zweisamkeit
wurden euch beschieden,
Jahre der Geborgenheit,
Jahre voller Frieden.
Zu dem selt'nen Ehrenfeste,
dessen wir uns heute freuen,
wünsch' ich euch das Allerbeste!
Möge Gott fortan mit treuen,
guten Händen sanft euch leiten,
mögt ihr sich'ren Fußes schreiten
auf den Wegen, die hienieden
euch noch lange sei'n beschieden.
Darauf, Freunde, stimmet ein,
soll dies Glas getrunken sein!

* * *

Welcher Glanz und welcher Schimmer
leuchtet heut in eurem Zimmer
bei dem schönen Jubelfest,
das euch Gott erleben lässt.
Hier, beim sanften Schein der Kerzen,
wünsche ich von ganzem Herzen,
dass euch Gott in seiner Güte
viele Jahre noch behüte.

* * *

Zeiten sind vergangen
unter Schmerz und Glück,
und das Rot der Wangen
kehret nie zurück.

Musst' die Jugend von euch scheiden,
kehrt das Alter ein,
wird der schönste Trost euch beiden
treue Liebe sein.

Sie wird euch geleiten
an des Alters Stab;
Liebe dauert Zeiten,
dauert übers Grab.

Wenn das junge Haar sich bleichte
zu dem Silberschein,
den Verjüngungsbecher reichte
dann die Lieb' allein.

Und so wandelt heiter
immer berghinab,
immer, immer weiter
bis ans kühle Grab.

Und dann drückt euch still die Hände,
muss geschieden sein.
In dem Herzen bis ans Ende
treue Lieb' allein.
Fritz Reuter

Wenn ein beschütztes Jubelpaar
den gold'nen Hochzeitstag begeht
und es nun nochmals am Altar,
jedoch in weißen Haaren steht –

wenn es der Wonnen all gedenkt,
die ihm der Segensbund gebracht,
und feucht sich doch die Wimper senkt,
da alter Schmerz ihm neu erwacht.

Wohl ziemte da ein Feierklang,
der himmlisch mehr als irdisch rauscht,
ein leis verhallender Gesang,
wenn es vor Gott die Ringe tauscht.

Doch da hienieden in der Zeit
das Gleichnis für Vollendung steht,
sei diesem Fest ein Gruß geweiht,
der Hauch ist und als Hauch vergeht.
Martin Greif

Die Ehe ist gewiss kein Tand
und keine Spielerei.
Bewähren muss sich ihr Bestand
im Alltags-Einerlei.
Mit List und Liebe geht daran,
und leicht wird alles gehen.
Ihr seid ja schließlich Frau und Mann
in Liebe und Verstehen.

* * *

Der Windhund schreibt an seine Braut:
Man hat mir jüngst den Wind geklaut,
so dass ich, treu zwar und gesund,
dich grüße als dein armer Hund.
Die Braut erwidert: Welch ein Glück!
Komm nur als armer Hund zurück
zu deiner sehr erfreuten Braut –
dem Wind, dem hab ich nie getraut.
Rudolf Otto Wiemer

Das Brautpaar

Ein rares Beispiel will ich singen,
wobei die Welt erstaunen wird.
Dass alle Ehen Zwietracht bringen,
glaubt jeder, aber jeder irrt.

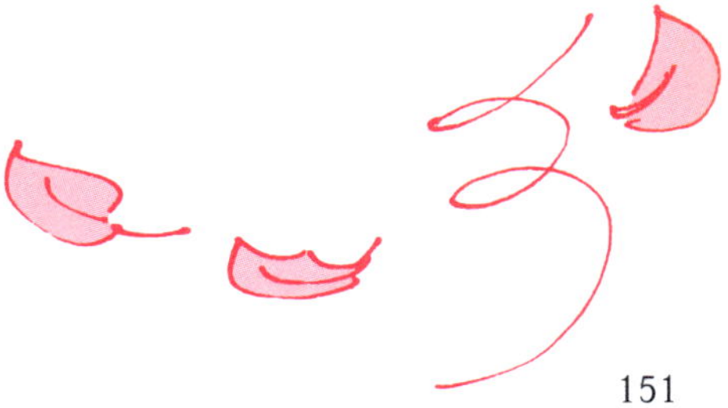

Ich sah das Muster aller Ehen,
still, wie die stillste Sommernacht.
Oh dass sie keiner möge sehen,
der mich zum frechen Lügner macht!

Und gleichwohl war die Frau kein Engel,
und der Gemahl kein Heiliger;
es hatte jedes seine Mängel.
Denn niemand ist von allen leer.

Doch sollte mich ein Spötter fragen,
wie diese Wunder möglich sind?
Der lasse sich zur Antwort sagen:
Der Mann war taub, die Frau war blind.
Gotthold Ephraim Lessing

Als C. mit dem L. Hochzeit machte

Das Liseli sieht so freundlich aus,
will heute Hochzeit machen;
ein Engel Gottes soll ihr Haus
und ihren Hof bewachen!

Soll ihren edlen Mann und sie
ihr Lebelang bewachen,
und 's gute fromme Liseli
und ihn recht glücklich machen!

Und soll euch liebe Kinderlein
die Hüll' und Fülle geben:
von Herzen zart und fromm und rein,
und hold und schön daneben!

Und Freund L__ soll euch dort
am Berge kopulieren;
und ich will hier an meinem Ort
Trompet' und Pauke rühren.
Matthias Claudius

Die glückliche Ehe

Gedankt sei's dir, o Gott der Ehen!
Was ich gewünscht, hab' ich gesehen:
ein grenzenlos beglücktes Paar;
ein Paar, das ohne Gram und Reue,
bei gleicher Lieb' und gleicher Treue
durch deine Bande selig war.
Ein Wille lenkte hier zwei Seelen.
Was sie gewählt, pflegt' er zu wählen,
was er verwarf, verwarf auch sie,
ein Fall, wo andre sich betrübten,
stört' ihre Ruhe nie. Sie liebten
und fühlten nicht des Lebens Müh.

Da ihn kein Eigensinn verführte
und sie kein eitler Stolz regierte:
so herrschte weder sie noch er.
Sie herrschten, aber bloß mit Bitten;
sie stritten; aber wenn sie stritten,
kam bloß ihr Streit aus Eintracht her.
Der letzte Tag in ihrem Bunde,
der letzte Kuss von ihrem Munde
nahm wie der erste sie noch ein.
Sie starben. Wann? Wie kannst du fragen?
acht Tage nach den Hochzeitstagen;
sonst würde dies ein Märchen sein.
Christian Fürchtegott Gellert

Wenn der Frühling kommt

Wenn der Frühling kommt ins Land
und der Schnee zerrinnt,
dann weht auch wie allbekannt
ein sehr warmer Wind.
Alle Bäume werden grün,
und bald heißt es dann:
»Störche, Kinder, seht nur hin,
fangen zu klappern an!«

Alle Kinder stellen sich ein
und beginnen sofort zu schreien:
»Klapperstorch, du Guter,
bring mir einen Bruder!
Klapperstorch, mein Bester,
bring mir eine Schwester!«
Doch der Storch hat Mucken viele.
Wo man ihn begehrt,
lässt er warten und bleibt kühle,
als ob er nichts hört.
Manchmal aber klappt es doch,
und er bringt was, horch:
Alle schreien noch und noch:
Danke, Klapperstorch!«
volkstümlich

* * *

Die Ehe gleicht 'ner Autofahrt
in ihrer Art und Weise,
und heute ist für euch der Start
für eine lange Reise.

Zu zweien fährt's sich doch so schön
durch gut' und schlechte Zeiten.
Mal gibt man Gas, lässt's schneller geh'n,
mal muss die Brems' einschreiten.

Die (Name der Braut) voller Stolz fortan,
sitzt an des (Name des Bräutigams) Seiten,
lässt sich von ihm, dem liebsten Mann,
ins Leben fortbegleiten.

Nun steigt schnell ein, gebt Gas und braust,
wir wollen steh'n und winken,
und gönnen euch das Beste bloß,
lasst nur den Mut nicht sinken!

Wir wünschen unser'm Hochzeitspaar
im Leben recht viel Freuden
und Glücklichsein von Jahr zu Jahr,
dass viele euch beneiden.

* * *

Von unsern Gästen beinah jeden
hört' ich bereits heut Reden reden.
So was steckt an, und da zum Glücke
ich nur auf heit're Blicke blicke,
will ich gleich andern nicht verzichten
und etwas von Gedichten dichten.
Hier herrscht die Lust. Ich seh nicht einen
bei diesen feinen Weinen weinen,
nicht einen, dem es nicht zur Stunde
selbst bei verwöhntem Munde munde;
das macht, weil Geister hier im Spiele
und wecken der Gefühle viele
und künden, wie die zwei sich fanden
und sich mit süßen Banden banden.
Wenn plaudern könnte jene Türe,
gewiss sie Liebesschwüre schwüre.
Nun ließen sie, wie wir hier schauen,
sich heute voll Vertrauen trauen.
So mög' der Himmel Segen geben,
dass sie ein frohes Leben leben;
dann werden wir, das wollt' ich sagen,
wieder an Jubelhochzeitstagen tagen.

... LIEBE

Liebe geht, hört man bekanntlich sagen,
oft und leider durch den Magen.
Wahre Liebe kann beglücken,
hat jedoch auch ihre Tücken.

Ja, die Liebe ist eine Himmelsmacht.
Habt ihr aber auch an die wahre Liebe gedacht?
Liebe fragt nicht nach Gut und Geld,
doch mit Geld sie länger hält.

Liebe ist immer ein Erlebnis,
bringt überraschend oft ein kleines Ergebnis.
Liebe ist für junge Eheleut der ewige Mai
mit Herzlichkeit und Turtelei.

Doch sind beide schon lange Jahr
ein immer noch verliebtes Paar,
gibt er ihr noch'n Kuss der Ordnung wegen
und beginnt, an einem Ast zu sägen.

Beide liegen im Bett schon um acht.
Dann ist's vorbei mit der »Himmelsmacht«.

* * *

Schon in der Jugend muss man die Liebe pflegen,
dann rostet sie auch im Alter nicht.
Nur wenn sich echte Gefühle im Herzen regen,
die Liebe nicht zerbricht.
Über die Liebe könnte man so viel erzählen.
Man fühlt sie von früh bis spät.
Drum dürfen Worte über die Liebe hier nicht fehlen,
denn sie gibt es, so lange die Erde sich dreht.

Beruf zur Liebe

Unser süßester Beruf
ist das Glück der Liebe;
alles, was der Himmel schuf,
fühlet ihre Triebe.
Wann umher der Käfer irrt,
sucht er sich ein Weibchen.
Wann ein Tauber einsam girrt,
locket er sein Täubchen.
Blumen öffnen ihre Brust
lauen Abendwinden;
Efeu schlinget sich mit Lust
um bemooste Linden;
Liebe murmelnd eilt der Bach
unter den Gebüschen
einem andern Bache nach,
sich mit ihm zu mischen.

Liebe tönt der Sänger Heer
von den Zweigen nieder;
Weibchen flattern um sie her,
sträuben das Gefieder,
locken, schmachten und entfliehn
schamhaft zu Gesträuchen,
wo, mit zärtlichem Bemühn,
Männchen sie erreichen.
Friedrich Willhelm Gotter

Lass ihn!

Er ist verliebt, lass ihn gewähren.
Bekümmere dich um dein Pläsier.
Und kommst du gar, ihn zu bekehren,
setzt er dich sicher vor die Tür;

Mit Gründen ist da nichts zu machen.
Was einer mag, ist seine Sach.
Denn kurz gesagt: In Herzenssachen
geht jeder seiner Nase nach.
Wilhelm Busch

* * *

Freudvoll und leidvoll,
gedankenvoll sein;
hangen und bangen
in schwebender Pein;
himmelhoch jauchzend,
zum Tode betrübt:
Glücklich allein
ist die Seele, die liebt!
Johann Wolfgang von Goethe

* * *

Die Liebe

Die Liebe hemmet nicht;
sie kennt nicht Tür noch Riegel
und dringt durch alles sich;
Sie ist ohn' Anbeginn,
schlug ewig ihre Flügel
und schlägt sie ewiglich.
Matthias Claudius

* * *

Wir fuhren allein im dunkeln
Postwagen die ganze Nacht;
wir ruhten einander am Herzen,
wir haben gescherzt und gelacht.
Doch als es morgens tagte,
mein Kind, wie staunten wir!
Denn zwischen uns saß Amor,
der blinde Passagier.
Heinrich Heine

* * *

Die Liebe allein versteht das Geheimnis,
andere zu beschenken und dabei selbst reich zu werden.

* * *

In der Liebe ist es oft wie mit den Masern.
Je älter die Menschen von ihr erfasst
werden, desto heftiger und
gefährlicher ist sie.

Liebesfrühling

Du meine Seele, du mein Herz,
du meine Wonne, du mein Schmerz,
du meine Welt, in der ich lebe,
mein Himmel du, darein ich schwebe,
o du mein Grab, in das hinab
ich ewig meinen Kummer gab!

Du bist die Ruh, du bist der Frieden,
du bist vom Himmel mir beschieden.
Dass du mich liebst, macht mich mir wert,
dein Blick hat mich vor mir verklärt,
du hebst mich liebend über mich,
mein guter Geist, mein bess're Ich!
Friedrich Rückert

Blumengruß

Der Strauß, den ich gepflücket,
grüße euch vieltausendmal!
Ich habe mich oft gebücket
ach, wohl eintausendmal,
und ihn ans Herz gedrücket
wie hunderttausendmal!
Johann Wolfgang von Goethe

* * *

Liebe, sagt man schön und richtig,
ist ein Ding, was äußerst wichtig.
Nicht nur zieht man in Betracht,
was man selber damit macht.
Nein, man ist in solchen Sachen
auch gespannt, was andere machen.
Wilhelm Busch

* * *

Ich liebe dich,
weil ich dich lieben muss;
ich liebe dich,
weil ich nicht anders kann;
ich liebe dich
nach einem Himmelsschluss;
ich liebe dich
durch einen Zauberbann.

Dich liebe ich,
wie die Rose ihren Strauch;
dich liebe ich,
wie die Sonne ihren Schein;
dich liebe ich,
weil du bist mein Lebenshauch;
dich liebe ich,
weil dich lieben ist mein Sein.
Friedrich Rückert

* * *

Du bist wie eine Blume,
so hold und schön und rein.
Ich schau dich an, und Wehmut
schleicht mir ins Herz hinein.

Mir ist, als ob ich die Hände
aufs Haupt dir legen sollt,
betend, dass Gott dich erhalte
so rein und schön und hold.
Heinrich Heine

Zwei Herzen

O glücklich, wer ein Herz gefunden,
das nur in Liebe denkt und sinnt
und, mit der Liebe treu verbunden,
sein schönstes Leben erst beginnt.

Wo liebend sich zwei Herzen einen,
nur eins zu sein in Freud und Leid,
da muss der Himmel Sonne scheinen,
und heiter lächelt jede Zeit.

Die Liebe, nur die Lieb ist Leben:
Kannst du dein Herz der Liebe weihn,
so hat dir Gott genug gegeben.
Heil dir! Die ganze Welt ist dein!
August Heinrich Hoffmann von Fallersleben

Liebesglut 1

Sie liebt mich nicht. Nun brennt mein Herz
ganz lichterloh vor Liebesschmerz,
vor Liebesschmerz ganz lichterloh
als wie gedörrtes Haferstroh.

Und von dem Feuer steigt der Rauch
mir unaufhaltsam in das Aug,
dass ich vor Schmerz und vor Verdruss
viel tausend Tränen weinen muss.

Ach Gott! Nicht lang ertrag ich's mehr!
Reicht mir doch Feuerkübel her;
die füll' ich bald mit Tränen an,
dass ich das Feuer löschen kann.
Wilhelm Busch

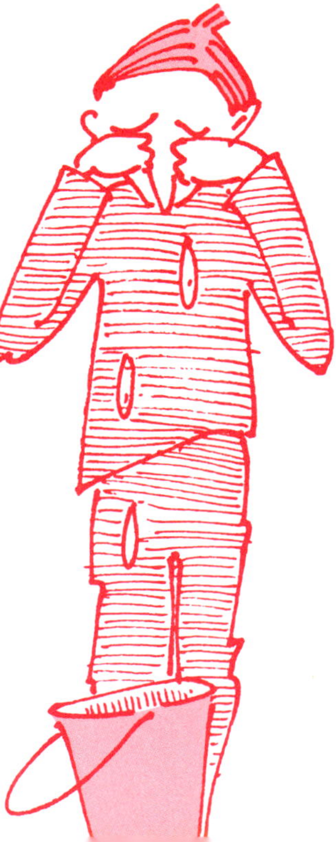

Liebesglut 2

Seitdem du mich so stolz verschmäht,
härmt' ich mich ab von früh bis spät,
sodass mein Herz bei Nacht und Tag
als wie auf heißen Kohlen lag.

Und war es dir nicht heiß genug,
das Herz, das ich im Busen trug,
so nimm es denn zu dieser Frist,
wenn dir's gebacken lieber ist.
Wilhelm Busch

Erotisches Wechselspiel

Sie lagen hinterm Gartenzaun
und waren lieblich anzuschaun.
Fürwahr, ein Pärchen wundervoll,
die Gurke Knill und Kürbis Knoll.

Er schielte schon seit langer Zeit
verliebt hin zu der Gurkenmaid
und brachte ihr ein Ständchen still:
»Dein ist mein Herz, geliebte Knill.«

Sie aber sagt mit stolzem Blick:
»Nee, nee, Sie sind mir viel zu dick.
Verehrter Herr, Sie sind wohl toll.
Das Fett muss weg, mein lieber Knoll!«

Er grämte sich und härmte sich
und schwärmte innig-minniglich.
Er schwoll und schwoll noch Zoll um Zoll.
Schwermütig weinte Kürbis Knoll.

Doch nach und nach und mit der Zeit
ward aus der schlanken Gurkenmaid
ein ganz verschrobenes Idyll,
und Runzeln kriegte Fräulein Knill.

So kam denn auch im Lauf der Zeit
der Ausgleich der Gerechtigkeit.
Sie wölbte sich und wurde krumm,
und Wärzlein wuchsen ringsherum.

Die Warzen wuchsen schnell heran
und an den Warzen Borsten dran.
Auch Falten kamen ebenso
vorn an der Nase und am Po.

In einer lauen Sommernacht
ihr Hochmut ward zu Fall gebracht.
Sie seufzt: »Wenn du noch willst – ich will.«
Da grinste Knoll, es schmollte Knill.

Der dicke Kürbis neckte sie:
»Schön siehste aus, du Borstenvieh.
Das kommt davon, siehst du, mein Gold:
Warum hast du nicht längst gewollt?«

Sie schlug verschämt die Augen zu
und lispelte: »Ach, du Loser, du.«
Bald färbt der Herbst die Blätter braun,
und es wird still am Gartenzaun.

Der Gärtner pflückt die Körbe voll,
er pflückte Knill und auch den Knoll.
Nun schwelgten beide, Kopf an Kopf,
vereint im großen Einmachtopf,
in Zucker, Essig, Öl und Dill,
sowohl der Knoll wie auch die Knill.

So geht es auch im Leben oft:
Was man erwünscht und was man hofft,
das kommt so, wie es kommen soll,
genau wie hier bei Knill und Knoll.
Die Schönheit schwindet mit der Zeit.
Die Liebe währt in Ewigkeit
bei Gurken und bei Damen.
Amen.
Fred Endrikat

* * *

Da fasst ein namenloses Sehnen
des Jünglings Herz, er irrt allein,
aus seinen Augen brechen Tränen,
er flieht der Brüder wilde Reihn.
Errötend folgt er ihren Spuren
und ist von ihrem Gruß beglückt,
das Schönste sucht er auf den Fluren,
womit er seine Liebe schmückt.
O! zarte Sehnsucht, süßes Hoffen,
der ersten Liebe goldne Zeit,
das Auge sieht den Himmel offen,
es schwelgt das Herz in Seligkeit.
O! dass sie ewig grünen bliebe,
die schöne Zeit der jungen Liebe!
Friedrich Schiller

Liebe im Garten

Ein Kohlkopf stand beim Rosenstock
und schaute verliebt wie ein Ziegenbock,
bewundert der Rose blühende Pracht
und eines Tages, bei dunkler Nacht,
hielt es der Kohlkopf nicht mehr aus,
es musste aus seinem Herzen heraus!
Er kniete nieder und seufzend er schwur:
»Ich liebe dich, Rose, allein ich lieb' dich nur!«
Und hat, wie das so üblich ist,
sein Herz ihr geschenkt und sie zart geküsst.
Und die Rose? Im Dunkeln hat's keiner gesehen,
was zwischen den beiden ist weiter geschehen.
Doch im nächsten Jahr – was war da wohl? –
stand neben der Rose – ein Rosenkohl!
Verfasser unbekannt

* * *

Das ist ein Flöten und Geigen,
Trompeten schmettern drein;
da tanzt den Hochzeitreigen
die Herzallerliebste mein.
Das ist ein Klingen und Dröhnen,
von Pauken und Schalmein;
dazwischen schluchzen und stöhnen
die guten Engelein.
Heinrich Heine

...LEBEN

Wer weiß zu leben? Wer zu leiden weiß.
Wer zu genießen? Der zu meiden weiß.
Wer ist der Reiche? Der sich beim Ertrag
des eigenen Fleißes zu bescheiden weiß.
Wer lenkt die Herzen? Der den herben Ernst
stets in ein heitres Wort zu kleiden weiß.
Wer ist der Weise? Der das falsche Gold
vom echten schnell zu unterscheiden weiß.
Und wer der Fromme? Der vom Menschen wohl,
doch nichts von Christen oder Heiden weiß.
David Friedrich Strauß

Lebensregel

Willst du dir ein hübsch Leben zimmern,
musst dich ums Vergangne nicht bekümmern,
das Wenigste muss dich verdrießen;
musst stets die Gegenwart genießen,
besonders keinen Menschen hassen
und die Zukunft Gott überlassen.
Johann Wolfgang von Goethe

Das Steckenpferd

Der eine liebt Konkretes nur,
der andre das Abstrakte,
der dritte schwärmt für die Natur
und deshalb für das Nackte.
Der vierte mag nur Fleisch vom Schwein,
der fünfte Milch und Eier,
der sechste liebt den Moselwein,
der siebte Fräulein Meier.
Für jeden gibt es was von Wert,
für das er lebt und streitet,
und jeder hat sein Steckenpferd,
auf dem er immer reitet.
Heinz Erhardt

Der Philosoph

Ein Philosoph von ernster Art,
der sprach und strich sich seinen Bart:
Ich lache nie. Ich lieb es nicht,
mein ehrenwertes Angesicht
durch Zähnefletschen zu entstellen
und närrisch wie ein Hund zu bellen.
Ich lieb es nicht, durch ein Gemecker
zu zeigen, dass ich Witzentdecker.
Ich brauche nicht durch Wertvergleichen
mit andern mich herauszustreichen,
um zu ermessen, was ich bin,
denn dieses weiß ich ohnehin.

Das Lachen will ich überlassen
den minder hoch begabten Klassen.
Ist einer ohne Selbstvertraun
in Gegenwart von schönen Fraun,
sodass sie ihn als faden Gecken
abfahren lassen oder necken,
und fühlt er drob geheimen Groll
und weiß nicht, was er sagen soll,
dann schwebt mit Recht auf seinen Zügen
ein unaussprechliches Vergnügen.

Und hat er Kursverlust erlitten,
ist er moralisch ausgeglitten,
so gibt es Leute, die doch immer
noch dümmer sind als er und schlimmer,
und hat er etwa krumme Beine,
so gibt's noch krümmere als seine.

Er tröstet sich und lacht darüber
und denkt: Da bin ich mir doch lieber.
Den Teufel lass ich aus dem Spiele.
Auch sonst noch lachen ihrer viele,
besonders jene ewig Heitern,
die unbewusst den Mund erweitern,
die, sozusagen, auserkoren
zum Lachen bis an beide Ohren.
Sie freuen sich mit Weib und Kind,
schon bloß, weil sie vorhanden sind.

Ich dahingegen, der ich sitze
auf der Betrachtung höchster Spitze,
weit über allem Was und Wie,
ich bin für mich und lache nie.
Wilhelm Busch

Freunde in der Not

In glücklichen Tagen ist niemand allein,
da stürmen die Freunde zur Tür herein
und feiern mit dir voll Übermut,
dann glaubst du wirklich, sie meinen es gut.

Bedenke, es kommen auch schwere Zeiten,
erfüllt von Krankheit und Sorge und Not,
dann werden die Freunde dich nicht mehr geleiten,
die Treue versprachen bis in den Tod.

Sie kommen nie mehr zu dir zurück,
denn dich verließen ja Wohlstand und Glück.
Doch wäre nur einer, der bei dir bliebe,
dann gäbe es Glauben an Freundschaft und Liebe!
unbekannter Verfasser

Der Lehmklumpen

Der Lehrer versucht anhand von Bildern,
den Kindern die Natur zu schildern.
Er spricht von Tier- und Pflanzenwelt.
Als zum Schluss die Glocke schellt,
da sagt er zu den kleinen Wichten,
sie sollen morgen ihm berichten,
wie überhaupt der Mensch entsteht.
Das kleine Volk steht auf und geht
und bringt bei der Gelegenheit
die Eltern in Verlegenheit.

Auch Fritzchen ist nach Haus gekommen,
er hat sich Vater vorgenommen
und ihm die Frage schon gestellt:
»Wie kommt der Mensch auf diese Welt?«

Und Vater fängt schon an zu schwitzen,
er schaut bekümmert hin zu Fritzen.
Doch dann besinnt er sich und lacht:
»Der Mensch, der ist aus Lehm gemacht!«

»Au!«, denkt mein Fritz, »das ist famos,
da hol ich schnell mir einen Kloß
von nebenan vom Töpfer Schmidt,
den nehm ich in die Schule mit.
Ich nehm nicht so ’nen ganzen großen
und steck ihn einfach in die Hosen.«
Und als dann nun am nächsten Tage
der Lehrer stellte seine Frage,

erhielt er Antwort auch sogleich:
»Der Mensch kommt aus dem Storchenteich!«

Nur Fritzchen sitzt ganz still und stumm
und kramt in seiner Hose rum.
Und plötzlich ruft er: »Quatsch mit Soße,
ich hab das Ding in meiner Hose,
womit die Schöpfung vor sich geht
und wo dann draus der Mensch entsteht.
Von wegen Storch! So seht ihr aus,
wenn ihr's nicht glaubt, ich hol ihn raus!«
Da sagt der Lehrer ganz beflissen:
»Lass ihn nur drin, du scheinst's zu wissen!«
unbekannter Verfasser

...KUSS

Der ersten Liebe Hochgenuss
ist ohne Zweifel wohl der Kuss.
Er ist beliebt und macht vergnügt,
ob man ihn gibt, ob man ihn kriegt.
Er kostet nichts, ist unverbindlich,
denn meistens ist er ja nur mündlich.
Hat man die Absicht, dass man küsst,
so muss man erst mit Macht und List
den Abstand zu verringern trachten,
um sich mit Blicken anzuschmachten.
Die Blicke werden tief und tiefer,
es nähern sich die Unterkiefer,
und man beginnt mit leichtem Schnauben
sich aneinander festzusaugen.
Doch nicht nur der Mund allein
braucht der Küsse Ziel zu sein.
Man küsst die Wange, küsst die Hände
und auch die anderen Gegenstände,
die rundherum und mit Bedacht
an unserem Körper angebracht.

Auch wie man küsst, ist ganz verschieden,
nach Norden, Westen oder Süden;
der eine schnaubt, der andere schmatzt,
als ob ein alter Reifen platzt.
Dagegen wiederum der Keusche
vermeidet jegliche Geräusche.

Die Entstehung des Kusses

Ihr Junggesellen groß und klein,
und all ihr holden Mägdelein,
vernehmet die Historiam,
woher die Kunst zum Küssen kam.

Herr Adam lag im Paradies
der Länge nach im Grase,
erfrischend mit dem Blumenduft
behaglich seine Nase.

Frau Eva schlummerte so sanft
an ihres Adam Seite;
man kann sich denken, wie sich da
der alte Adam freute.

Und als er sie so schlummern sah,
das Kindlein seiner Rippen,
da flog ein Bienchen – summ, summ, summ –
auf Evchens Rosenlippen.

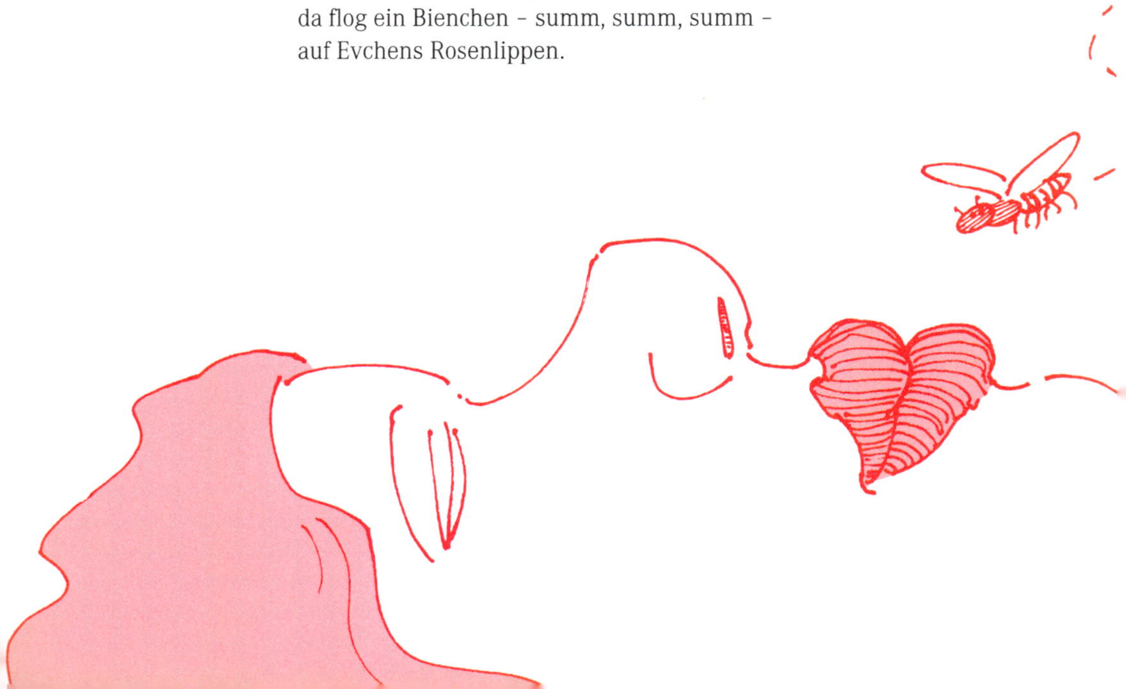

Als nun der alte Adam schaut,
wie dort das Bienchen lecket,
bekommt er Lust, zu wissen auch,
was ihm so trefflich schmecket.

Das Bienchen, das ihn kommen sah,
erhob sich, fortzufliegen,
und ließ dabei in aller Angst
dort seinen Honig liegen.

Als nun der Adam seinen Mund
an Evchens Lippen brachte,
da schmeckt es ihm so wundersüß,
wie er sich's nimmer dachte.

Und seit der Zeit wird er nicht satt,
den Mund an Mund zu fügen,
auch wehrte keinesweges ihm
Frau Eva das Vergnügen.

Jetzt braucht zum Kusse nimmermehr
erst eine Biene honigschwer
die Lippen zu versüßen.
Ich küsse auch, weil mir's gefällt,
die ganze junge Mädchenwelt.
Die alten – lass ich grüßen!
Ludwig Rieg

Geküsst

Nirgends hin als auf den Mund:
Da sinkt's in des Herzen Grund;
nicht zu frei, nicht zu gezwungen,
nicht mit gar zu faulen Zungen.

Nicht zu wenig, nicht zu viel:
Beides wird sonst Kinderspiel.
Nicht zu laut und nicht zu leise:
Beider Maß ist rechte Weise.

Nicht zu nahe, nicht zu weit:
Dies macht Kummer, jenes Leid.
Nicht zu trocken, nicht zu feuchte,
wie Adonis Venus reichte.

Nicht zu harte, nicht zu weich,
bald zugleich, bald nicht zugleich.
Nicht zu langsam, nicht zu schnelle,
nicht ohn' Unterschied der Stelle.

Halb gebissen, halb gehaucht,
halb die Lippen eingetaucht,
nicht ohn' Unterschied der Zeiten,
mehr alleine denn bei Leuten.

Küsse nun ein jedermann,
wie er weiß, will, soll und kann!
Ich nur und die Liebste wissen,
wie wir uns recht sollen küssen.
Paul Fleming

... STREIT

In jeder Ehe gibt es einmal Streit.
Das haben wir alle längst erfahren.
Wichtig ist, dass er nicht lange bleibt
und wir uns schnell wieder vertragen.
Meistens bleibt ein bisschen Wehmut zurück,
Dann genügt oft nur ein zärtlicher Blick.
Aber eine Entschuldigung muss sein.
Nur ein paar Worte: »Bitte, kannst du mir verzeihen?«
Kein unbedachtes Wort sollst du verlieren,
denn allzu leicht kann es passieren,
dass man jemanden ernstlich kränkt.
Doch mit »Verzeih!« ist's meist wieder eingerenkt.
Mit guten Worten beim bösen Spiel
erreicht man sicher viel.
Folgt dann noch ein herzhafter Kuss,
ist mit dem Streiten bald Schluss!

Überlass es der Zeit

Erscheint dir etwas unerhört,
bist du tiefsten Herzens empört,
bäume nicht auf, versuch's nicht mit Streit,
berühr es nicht, überlass es der Zeit.
Am ersten Tage wirst du feige dich schelten,
am zweiten lässt du dein Schweigen schon gelten,
am dritten hast du es überwunden.
Alles ist wichtig nur auf Stunden,
Ärger ist Zehrer und Lebensvergifter,
Zeit ist Balsam und Friedensstifter.
Theodor Fontane

Entrüstet

Zu grässlich hatt' er mich geneckt.
Wie weh war mir zu Sinn!
Und tief gekränkt und aufgeschreckt
zum Kirchhof lief ich hin.

Ich saß auf einem Leichenstein,
die Augen weint' ich rot.
Ach, lieber Gott, erbarm dich mein
und mach mich endlich tot.

Sieht er mich dann in meinem Sarg,
so wird er lebenssatt
und stirbt vor Gram, weil er so arg
mein Herz behandelt hat.

Kaum war's gesagt, so legten sich
zwei Arme um mich her,
und auf der Stelle fühlte ich:
Wer das getan, war er.

Wir kehrten Arm in Arm zurück.
Ich sah ihn an bei Licht.
Nein, solchen treuen Liebesblick
hat doch kein Bösewicht.
Wilhelm Busch

...SCHWIEGERMÜTTER

Schwiegermütter, wie bekannt,
sind verpönt im ganzen Land.
Bei dem Wort schreit Groß und Klein:
Möchte beileibe keine sein.

Wer das gar zu ängstlich treibt
und sich deshalb nicht beweibt,
dem beweisen wir heut prompt,
dass es auch mal anders kommt.

Daher, liebes Publikum,
blick dich mal gefälligst um
und betrachte still und fein
die zwei Hochzeitsmütterlein.

Ach, jetzt geht ein Schmunzeln blank
flott die Tafelrund entlang.
Jedermann denkt laut und leis:
Das ist hier mal ausnahmsweis!

Wie ’ne jede sorgt und denkt,
alles lieb zum Besten lenkt,
sonnig macht der Kinder Heim,
das geht über jeden Reim.

Beide sind in ihrem Fach
Perlen von besonderer Pracht.
So zwei Schwiegermütter wie unsere hie’,
die gab’s noch nie.

D’rum wünscht ihnen immerdar
Sonnenschein die Gäste Schar.
Hoch das Glas voll Funkelwein!
Hoch den Schwiegermütterlein!

Geht es in der Ehe ums Kochen,
ist es gut, wenn ihr die Wochen
einteilt, damit jeder dann
weiß, wann ER ist mit dem Kochen dran.
Was dem einen Recht ist, ist dem anderen billig.
Wichtig ist, dass jeder ist willig.
Die Frauen seh'n es immer als ihre Pflicht.
Der Mann tut's mal gern, mal aber auch nicht.
Egal, ob er kocht oder sie,
wichtig ist, man gibt sich Müh!
Wenn jeder kocht mit Liebe, muss es ja schmecken
und jeder wird sich das Mäulchen lecken.
Ich würde mich jedenfalls freuen,
würde ich bald euer Gast mal sein.

* * *

Früher war Kochen nur die Aufgabe der Frauen.
Männer durften nicht mal in den Kochtopf schauen.
Bei der Wahl der Ehefrau kam es drauf an,
ob die Zukünftige auch kochen kann.
Heute haben die Frauen kaum noch Zeit,
aber Tiefkühl- und Fertiggerichte stehen bereit.
Wann sollen sie denn am Kochtopf stehen?
Sie müssen doch zur Arbeit gehen.
Früher waren sie für den Haushalt und die Kinder da,
heute macht das auch gern der Papa.
Auf alle Fälle, liebe Braut,
mach dich mit dem Kochen vertraut.
Lerne mit dem Kochlöffel umzugehen.
Nicht alle Männer gern am Kochtopf stehen!
Ruf mich an, brauchst du mal einen Rat,
ich habe immer gute Rezepte parat.
Guten Appetit!

Kritik des Herzens 1

Es wird mit Recht ein guter Braten
gerechnet zu den guten Taten;
und dass man ihn gehörig mache,
ist weibliche Charaktersache.

Ein braves Mädchen braucht dazu
mal, erstens, reine Seelenruh,
dass bei Verwendung der Gewürze
sie sich nicht hastig überstürze.

Dann, zweitens, braucht sie Sinnigkeit,
ja, sozusagen Innigkeit,
damit sie alles appetitlich,
bald so, bald so und recht gemütlich
begießen, drehn und wenden könne,
dass an der Sache nichts verbrenne.

In summa braucht sie Herzensgüte,
ein sanftes Sorgen im Gemüte,
fast etwas Liebe insofern
für all die hübschen, edlen Herrn,
die diesen Braten essen sollen
und immer gern was Gutes wollen.

Ich weiß, dass hier ein jeder spricht:
»Ein böses Mädchen kann es nicht.«
Drum hab ich mir auch stets gedacht
zu Haus und anderwärts:
Wer einen guten Braten macht,
hat auch ein gutes Herz.
Wilhelm Busch

* * *

Man nehme zwölf Monate, putze sie ganz sauber von Bitterkeit, Geiz, Pedanterie und Angst und zerlege jeden Monat in 30 oder 31 Teile, so dass der Vorrat genau für ein Jahr reicht.

Es wird jeder Tag einzeln angerichtet aus einem Teil Arbeit und zwei Teilen Frohsinn und Humor.

Man füge drei gehäufte Esslöffel Optimismus hinzu, einen Teelöffel Toleranz, ein Körnchen Ironie und eine Prise Takt.

Dann wird die Masse sehr reichlich mit Liebe übergossen.

Das fertige Gericht schmücke man mit Sträußchen kleiner Aufmerksamkeiten und serviere es täglich mit Heiterkeit und mit einer guten, erquickenden Tasse Tee.

Catharina Elisabeth Goethe

Die Kunst des Trinkens

So lange es uns Menschen gibt,
sind auch Getränke sehr beliebt –
ich meine hier natürlich nur
die alkoholischer Natur!

Den Wein, den hab ich übersprungen,
der wurde schon zu oft besungen –
und auch der Sekt!
(Man reicht ihn Gästen
zum An- und Aufstoßen
bei Festen.)

Wie selten aber steht vom Bier
etwas geschrieben, außer hier:
»Es schäumt das Glas mit edler Gerste,
und stets bekömmlich ist das erste!«

Doch gibt es außerdem Getränke,
den'n ich besondre Liebe schenke,
ich schätze fast seit der Geburt se:
Das ist der Klare oder Kurze!

Wie wärmen sie an kalten Tagen
schön eisgekühlt den kalten Magen!
Wie spornen sie – als Geistgetränke –
den Geist an, dass er wieder denke!

Jedoch wie geistlos – sei'n wir offen –
wird diese Köstlichkeit gesoffen!
Drum will ich, eh Sie einen heben,
hier schnell noch einen Ratschlag geben:

Man trinke Schnaps stets nur zum Essen!
Das Bier dazu soll man vergessen!
Und ob in Kneipe oder Haus:
Man lasse immer einen aus!

Wenn man das ganz genau so tut,
dann fährt man stets – auch Auto – gut.
Heinz Erhardt

Der Wein

Der Mensch lebt nicht vom Bier allein,
in Stimmung bringt uns erst der Wein.
Man schlürft ihn bedächtig und kaut ihn leise,
trinkt schluckweise ihn – bei jedem Schluck weise!
So genießt der Kenner den edlen Wein.
Natürlich, der Jahrgang muss richtig sein.
Sitzen Männer am Stammtisch beim Bier statt beim Wein,
dann politisieren sie und zuletzt pennen sie ein.
Aber halten sie sich an des Bacchus Gaben,
da werden sie lebendig, die alten Knaben,
und sehen mit diesem Feuertrank im Leibe
die Schönheitskönigin in jedem Weibe.

Da fühlen Opas sich als Casanovas,
sodass die Jungfrau lächelnd denkt: »Na so was!«
Sei ruhig, bleibe ruhig, mein Kind,
in dürren Blättern säuselt der Wind!

* * *

Sitzt du beim Biere frisch vom Fass
und findest eine Fliege im Glas,
dann kriege keinen Schreck,
schau, eine Fliege ist zu klein,
du brauchst darum nicht ängstlich sein,
die trinkt dir nicht viel weg.

* * *

Will im Leben manches nicht gelingen,
fangen Menschen gerne an zu trinken.
Leider tun sie es oft auch ohne Grund.
Sie meinen, Alkohol sei doch gesund.
So wird auch in der Ehe der Alkohol oft zum Problem.
Sie meinen, Sorgen zu ertränken sei doch bequem.
Dabei ist doch die Gefahr des Alkohols längst bekannt.
Drum nehmt nicht täglich die Flasche zur Hand!
Aber heut am Hochzeitsfest trinken wir ein Gläschen Wein.
Stoßt alle mit an und lasst uns fröhlich sein!
So ein edler Tropfen ist ein Genuss.
Er schmeckt noch besser als ein zarter Kuss!

* * *

Jeder weiß: der Alkohol
kann zerstör'n des Menschen Wohl.
Drum sagt man nicht ohne Grund:
Allzu viel ist ungesund!
Und man sollte stets bedenken:
Sorgen kann man nicht ertränken,
denn die Biester können schwimmen –
vertreib sie mit Lachen, das wird dir gelingen.

Wie endlos lang der Monat ist,
das merkst du erst, wenn du pleite bist.
Am frühen Morgen geht's schon los:
Zeitung, Post, Strom, nichts ist kostenlos.

Meine Existenz, die steht in Frage,
darum zähle ich schon die Tage.
Ja, sogar der Hausherr spricht:
»Ach, den Ersten haben wir immer noch nicht!«

Ich habe keinen Pfennig mehr.
Auch meine Börse ist längst schon leer.
Doch zum Glück gibt's am Ersten wieder Geld.
Dann ist für mich wieder heile Welt.

Wer ein armer Teufel ist,
der ist und bleibt ein Pessimist.
Denn jeder weiß, auf der ganzen Welt
regiert nun mal das schnöde Geld.

Wer immer lebt auf großem Fuß,
später dafür bezahlen muss.
Ja ja, das ist nun einmal so:
Geld allein macht auch nicht froh.

Ist Gesundheit dir beschieden,
sei immer dankbar und zufrieden:
Glücklich ist, wer vergisst,
dass Geld allein nicht wichtig ist!

Geld allein macht doch nicht glücklich.
Allzu viel ist auch nicht schicklich.
Geld zu scheffeln, um damit anzugeben,
sollt es wahrhaftig doch nicht geben.

Gibst du es aus mit vollen Händen,
kann es manchmal schrecklich enden.
Es auf die hohe Kante legen
bringt an sich auch keinen Segen.

Sicher könnt man es verschenken,
viele aber lieber an sich denken.
Immer nur kaufen ist auch nicht das Wahre.
Hier lieber der Vorschlag: Spare, spare!

Ja, so ist es mit dem Geld.
Es gibt viel zu viel auf dieser Welt.
Das beste: Du bringst es unter die Leut
oder lässt's liegen für eine schlechtere Zeit.

Ich selbst mach mir über Geld keine Gedanken.
Hab ohnehin nicht viel. Möcht aber immer danken,
dass glücklich und gesund ich bin.
Da liegt der Sinn des Lebens drin.

Liebe Brautleute, denkt immer daran,
das gilt für die Frau wie für den Mann:
Noch wichtiger als alles Geld
ist die Liebe – nur sie allein zählt.

* * *

Denke immer daran: Gläubiger haben ein besseres
Gedächtnis als Schuldner.

* * *

Bescheidenheit ist eine Zier,
doch kein Finanzamt glaubt es dir.

* * *

Hast du das Geld nicht klein,
genügt auch ein größerer Schein.

... WOHNUNG

Ihr seid ein frisch getrautes Ehepaar;
total verliebt, das ist doch klar.
Doch zieht ihr nun in eure Wohnung ein,
könnte alles anders sein.
Jetzt kommt der Alltag mit seinen Pflichten,
viele Dinge sind täglich zu verrichten.
Teilt ihr eure Arbeiten aber richtig ein,
müsste alles zu schaffen sein.

* * *

Was ist eine moderne Wohnung?
Halb so viel Raum für doppelt so viel Miete.

* * *

Wenn's mal so richtig stürmt und schneit,
kein Sonnenschein weit und breit,
fühlt man sich wohl in seinen vier Wänden
und kann gemütlich den Tag beenden.

* * *

Ist der Himmel mal bedeckt,
hat sich hinter den Wolken versteckt,
kannst du dennoch das Wetter verschmerzen:
Hab immer nur Sonne im Herzen.

... MODE

Mode ist für jede Frau wichtig im Leben.
Drum wird es die Mode immer geben.
Liebe Braut, ich muss dir was sagen:
Nie sollte dein Mann sich beklagen,
dass seine Frau sich unmöglich anzieht
und außerdem ungepflegt aussieht.
Du musst dich nicht unbedingt modisch kleiden.
Auf alle Fälle solltest du aber vermeiden –

auch wenn er vielleicht kaum Ansprüche stellt –,
dass ihm dein Outfit nicht gefällt.
Auch wenn die Haushaltskasse ist mal klein,
ein bisschen adrett sollte eine Frau schon sein.
Wie du auch aussiehst oder was du ziehst an
und was gefällt, ist wichtig für den Mann.
Trinken wir nun auf die Mode allein
alle zusammen ein Gläschen Wein.

Der Blusenkauf

Wenn Frau'n was kaufen, das geht flink.
Ich weiß, wie's meinem Freund erging.
Der, jungvermählt, wollt' in der Früh
mal ins Büro, da sagte sie:
»Lass mich ein Stückchen mit dir gehn.«
Dann blieb sie vor 'nem Laden stehn.
»Dein Port'monnaie! Bin gleich zurück,
es dauert nur 'nen Augenblick.
Bleib draußen«, sprach Frau Suse,
»ich kauf mir bloß 'ne Bluse.«

Nun geht sie rein, »nen Augenblick«.
Ihr Mann, sehr heiter, bleibt zurück.
Er freut sich, 's Wetter ist sehr schön,
sieht Kinder, die zur Schule gehn,
und sie sagt drinnen zur Mamsell:
»'ne blaue Bluse, aber schnell!«
Nun schleppt man alle blauen rein,
und nach 'ner Stunde sagt sie: »Nein,
ich finde keine nette,
ich möcht' 'ne violette.«

Nun packt man violette aus.
Ihr Mann, geduldig, steht vorm Haus,
denkt: »Ziemlich lange währt so'n Kauf«,
geht auf und ab und ab und auf,
und sie sagt drinnen: »Das ist nett!
Wie kam ich nur auf violett?

Da fällt mir ein, Frau Doktor Schmidt
geht immer mit der Mode mit,
und sie trägt jetzt 'ne gelbe.
Ach, geb'n Sie mir dieselbe.«

Nun packt man alle gelben aus.
Ihr Mann wird hungrig vor dem Haus.
Der Mittag naht, die Sonne sticht,
die Kinder komm'n vom Unterricht.
Und sie sucht drin und sagt alsdann:
»Was geht Frau Doktor Schmidt mich an?
Wie kam ich auf 'ne gelbe nur?
Es wird ja Frühling, die Natur
zeigt frohe Hoffnungsmiene,
ach, geb'n Sie mir 'ne grüne.«

Nun packt man alle grünen aus.
Ihr Mann ist matt und seufzt vorm Haus:
»Gern kauft' ich 'ne Zigarre mir,
doch's Port'monnaie, das ist bei ihr.«
Und sie sagt drin: »Beim Sonnenschein,
da wird das Grün zu dunkel sein.«
Da schaut er rein. »Mein Port'monnaie –«,
sie sagt: »'nen Augenblick noch. Geh!
Ich bin ja gleich zur Stelle.
Ach, geb'n Sie mir 'ne helle.«

Nun packt man alle hellen aus.
Da gibt's ein Ungewitter drauß'.
Es regnet bis zum Abendrot.
Ihm fehlt ein Schirm und 's Abendbrot.
Und sie sagt drinnen zur Mamsell:
»So 'n Wetter heut, und dazu hell?
Und überhaupt, wir haben bald
April, da wird's oft nass und kalt,
dann bin ich die Blamierte.
Ach, geb'n Sie 'ne karierte.«

Nun packt man die karierten aus,
und er stöhnt, frei nach Goethe, drauß':
»Was ewig weiblich, zieht uns an.
Das Weib, das zieht sich ewig an.«

Und sie probt drin und sagt entsetzt:
»Was, Nummer vierundvierzig jetzt?
Nicht zweiundvierzig, schlank und schick?
Dann nichts Kariertes, das macht dick.«
Ihr Blick zur Taille schweifte.
»Dann geb'n Sie 'ne gestreifte.«

Nun packt man die gestreiften aus.
Ihr Mann, der wankt und röchelt drauß':
»Ein'n Augenblick!« Das war ihr Wort!
Dann fällt er um, man trägt ihn fort.
Da kommt sie mit 'ner roten raus.
»Hier bin ich schon!«, ruft sie froh aus
und schreit: »Mein Mann! Mein Glück!
Gott, ist er tot? Ein'n Augenblick!«
Und in den Laden starrt se:
»Dann geb'n Sie mir 'ne schwarze.«
Otto Reutter

* * *

Eine Kundin fragt die Verkäuferin:
»Haben Sie etwas Hübsches, das zu meinem Gesicht passt?« »Faltenröcke gibt es im 3. Stock.«

* * *

Frauen schmücken sich gern mit Federn, die die Männer lassen.

* * *

Jede Frau hat den größten Wunsch, in dem kleinsten Schuh auf dem größten Fuß zu leben.

* * *

Früher trug man die Pullover zwei Nummern zu groß. Heute trägt man sie so eng, dass die Männer kaum atmen können.

Liebe Eheleute! Bei der Urlaubsplanung
kann man sich leicht zanken.
Wenn es um das Urlaubsziel geht,
gibt es oft ein Wanken.
Die Ferien- und Urlaubszeit
dient überwiegend der Erholung heut.
Jetzt könnt ihr sie gemeinsam verleben.
Sie wird eurer Liebe wieder Aufschwung geben.
Jetzt habt ihr Zeit füreinander, das ist schön!
Im Urlaub sich Eheleute gut verstehen.
Es kommt natürlich auch aufs Wetter an,
an dem keiner etwas ändern kann.
Habt ihr nur die Sonne im Herzen drin,
stört doch weder Regen noch Wind.
Plant ihr zusammen euren Urlaub jedes Jahr,
dann ist auch in eurer Ehe alles sonnenklar!

* * *

Frau Neureich gibt so gerne an,
denn sie hat einen reichen Mann.
Drum findet sie es immer schön,
so ganz im Mittelpunkt zu stehen.
Einst lud sie zum Kaffee mal ein.
Dazu machte sie sich extra fein.
Sie wollte nicht darauf verzichten,
über ihren Urlaub zu berichten.
Es macht doch Spaß, mal richtig anzugeben.
Wer eine Reise tut, kann viel erleben.
Sollen doch andere ruhig neidisch werden,
für sie ist es der größte Spaß auf Erden.
Nun erzählt sie wie ein Wasserfall:
»Ich war in Spanien, Italien und Portugal!«
Die Nachbarin fragt: „Haben Sie den Brenner überfahren?«
»Kann sein, aber da es mehrere waren,
weiß ich nicht mehr, ob das sein Name war.
Das müssen Sie verstehen, nicht wahr?«
Und dann erzählt sie von ihrem Besuch in Rom.

Wer erlebt denn so was schon!
»Ich besuchte dort den Papst sogar!«
»Und, wie ist er?« – Sie sagt: »Na ja,
er ist ja ein ganz netter Mann,
aber sie! Eine Frau, mit der ich nicht kann!«

* * *

Wenn du mal eine Reise planst,
dann möchtest du später was erzählen.
Drum musst du unbedingt
das richtige Ziel auswählen.
Zunächst die Frage: Wo ist es schön?
Und wo bekomm ich am meisten zu sehn?
Überhaupt – wohin soll die Reise gehn?
Was man auch plant, ein jeder weiß,
entscheidend ist da meist der Preis!
Doch das allein ist doch nicht wichtig.
Entscheide dich nur richtig.
Eine Reise soll doch auch Erholung sein.
Einmal im Jahr sollte jeder sich drauf freuen!

...ÄLTERWERDEN

Ja, wäre man noch einmal jung,
so hört man häufig sagen.
Man zehrt von der Erinnerung,
träumt gern von vergangenen Tagen.
Und doch: Das Heute gilt, das merke dir!
Für deine Zukunft steht das Glück vor deiner Tür.

* * *

Das beste Alter ist das, in dem man gerade steht.
Lass dich einfach überraschen, wie es weiter geht.

* * *

Das Alter kommt in großen Schritten auf uns zu,
drum stell dich drauf ein in aller Ruh.
Hast du gelernt, richtig alt zu werden,
hast du im Alter kaum Beschwerden.

* * *

Mit dem Alter muss man sich versöhnen.
Es verzeiht, auch wenn du tust fehlen.
Lebe nicht in der Vergangenheit,
gar zu schnell verläuft die Zeit.
Die Gegenwart musst du genießen,
darfst dich dem Schönen nicht verschließen.

* * *

Das Leben gibt dir manchen Nasenstüber.
Mal geht es drunter, mal geht es drüber.
Doch denke dran: Eine Wolke macht noch keinen Regen.
Bald lacht die Sonne dir wieder entgegen,
dann lache und mach auch die anderen heiter.

* * *

Du warst noch so ein kleines Mädchen
von acht, neun Jahren ungefähr,
da fragtest du mich vertraut und wichtig:
Wo kommen die kleinen Kinder her?

Als ich nach Jahren dich besuchte,
da warst du schon über den Fall belehrt.
Du hattest die alte vertrauliche Frage
hübsch praktisch gelöst und aufgeklärt.

Und wieder ist die Zeit vergangen.
Hohl ist der Zahn und ernst der Sinn.
Nun kommt die zweite wichtige Frage:
Wo gehen die alten Leute hin?

Madame, ich habe mal vernommen,
ich weiß nicht mehr so recht, von wem:
Die praktische Lösung dieser Frage
sei eigentlich recht unbequem.
Wilhelm Busch

* * *

Eine Frau überspringt gerne die Zwanzig,
sie geht zögernd auf die Dreißig zu,
vor der Vierzig bleibt sie gerne stehen,
die Fünfzig erreicht sie nie.

...MÄNNER

Ihm fehlt die Zufriedenheit –
nur mit großer Traurigkeit
bleibt er vor dem Spiegel stehn,
um sein Bildnis zu besehn.
Vornerum ist alles blank;
aber hinten, gottseidank,
denkt er sich mit frohem Hoffen,
wird noch manches angetroffen.
Oh, wie war der Schreck so groß!
Hinten ist erst recht nichts los.
Und auch hier tritt ohne Frage
nur der pure Kopf zutage. –
Auch bemerkt er außerdem,
was ihm gar nicht recht bequem,
dass er um des Leibes Mitten
längst die Wölbung überschritten,
welche für den Speiseschlauch
bei natürlichem Gebrauch,
wie zum Trinken, so zum Essen,
festgesetzt und abgemessen.
Wilhelm Busch

***

Jedem Tierchen sein Pläsierchen,
so sagt man von alters her.
Viele Männer haben drum ein Hobby,
und das lieben sie so sehr,
dass sie sogar die Familie vergessen.
Sie sind total auf ihr Hobby versessen.
Ungern geben sie ihre Leidenschaft auf,
die Familie nimmt es gelassen in Kauf.
Für den einen ist Fußball sein Leben,
dem anderen kann der Angelsport mehr geben.
Der eine hat mehr Spaß am Kegeln,
der andere wieder mehr am Segeln.
Den einen sieht man oft in die Kneipe gehen.
Sagt selbst, ihr Männer, ist das schön?
Um gesundheitlich fit zu bleiben,
solltet ihr lieber Sport betreiben.
Und dann die Technik! Oh Schreck, oh Graus!
Damit kennen die Männer sich aus.
Sie können stundenlang im Internet surfen,
wobei wir sie auf keinen Fall stören dürfen.
Sie möchten sich über alles informieren
oder am Computer Spiele ausprobieren.
Sogar im Urlaub ist der Laptop dabei.
So 'n Ding ist doch der letzte Schrei.
Gern geben sie mit ihrer Digitalkamera an.
An diesem Ding ist ja wirklich was dran.
Wie leicht kann man ein Foto machen
und damit jemanden überraschen.
Über Handys möchte ich nicht viel sagen.
Wo man auch ist, sie sind eine Plage.
Ja, Männer sind auf Technik oft so versessen,
dass sie alles um sich herum vergessen.
Immer sind sie am Experimentieren,
müssen alles stundenlang ausprobieren.

Ihnen selbst macht es nichts aus.
Aber manche Frau treiben sie damit aus dem Haus.
Wenn ich auch schimpfe über die Hobbys von meinem Mann,
ich bin doch stolz, was er alles kann.
Vielleicht sollte ich mich auch mal dafür interessieren.
Aus Liebe könnte ich alles ja mal ausprobieren.

Kritik des Herzens 2

Er stellt sich vor sein Spiegelglas
und arrangiert noch dies und das.
Er dreht hinaus des Bartes Spitzen,
sieht zu, wie seine Ringe blitzen,
probiert auch mal, wie sich das macht,
wenn er so herzgewinnend lacht,
übt seines Auges Zauberkraft,
legt die Krawatte musterhaft,
wirft einen süßen Scheideblick
auf sein geliebtes Bild zurück,
geht dann hinaus zur Promenade,
umschwebt vom Dufte der Pomade,
und ärgert sich als wie ein Stint,
dass andre Leute eitel sind.
Wilhelm Busch

* * *

Mancher Mann kann nicht in Frieden leben, weil ihm
die schöne Nachbarin so gut gefällt!

Hallo, liebe Gäste, warum denn nur
geht es - auch in der Ehe - immer um die Figur?
Warum möchte jeder den Partner schlank heut sehn?
Ein wenig mollig ist doch auch ganz schön!
Ja, manchmal muss man wirklich staunen,
viele Männer mögen gerne vollschlanke Frauen.
Meine Damen, niemand braucht sich zu genieren.
Kleine Fettpölsterchen kann man gut kaschieren.
Sagt also nie: »Du wirst mir zu dick!«
Sage lieber: »Ich finde dich immer schick!«

Fast eine Fastenkur

Alte Brötchen. Saure Weine.
Ein Salatblatt. Guss auf Beine.
Hunger nagt im Magen-Sektor.
Und er knurrt. Wie draußen Hektor.
Will nicht mehr gesund und schlank sein!
Will dann lieber dick und krank sein!
Kehrt zurück, ihr großen fetten
Schnitzel oder Schweinskotletten
und auch ihr, ihr Leibbeschwerden!
Bin es satt, nie satt zu werden
Heinz Erhardt